供电营业厅窗口业务规范化服务手册

SERVICE MANUAL

国网盐城供电公司 编

中国电力出版社
CHINA ELECTRIC POWER PRESS

内容提要

本书遵循“七步九曲”服务步骤，采用一问一答的对话形式，对营业厅实际工作中“获得电力”“变更用电”“其他业务”“热点问题”四大类业务涉及的申请资料和办理过程中可能遇到的各种问题进行分类归集、分步解答，并辅以相关案例讲解，力求对窗口工作实践中的各种情况提供专业化的“标准答案”、规范化的“规定动作”，营造营业厅管理规范化、服务专业化的工作局面。

本书适用于营销（农电）管理人员、供电营业窗口人员阅读使用。

图书在版编目（CIP）数据

供电营业厅窗口业务规范化服务手册 / 国网盐城供电公司编．—北京：中国电力出版社，2021.10（2022.12重印）

ISBN 978-7-5198-5894-0

Ⅰ．①供…　Ⅱ．①国…　Ⅲ．①电力工业—供电管理—商业服务—规范化—中国—手册　Ⅳ．① F426.61-62

中国版本图书馆 CIP 数据核字（2021）第 160613 号

出版发行：中国电力出版社
地　　址：北京市东城区北京站西街 19 号（邮政编码 100005）
网　　址：http://www.cepp.sgcc.com.cn
责任编辑：赵鸣志（010-63412385）　马雪倩
责任校对：黄　蓓　李　楠
装帧设计：赵姗姗
责任印制：吴　迪

印　　刷：北京瑞禾彩色印刷有限公司
版　　次：2021 年 10 月第一版
印　　次：2022 年 12 月北京第二次印刷
开　　本：850 毫米 ×1168 毫米　32 开本
印　　张：6.75
字　　数：223 千字
印　　数：3001—4000 册
定　　价：48.00 元

本书编委会

前言

在国网盐城供电公司营销部的积极组织下，在国网盐城市大丰区供电公司、国网响水县供电公司、国网滨海县供电公司、国网阜宁县供电公司领导的鼎力支持下，《供电营业厅窗口业务规范化服务手册》终于与广大读者见面了。

在编写过程中，我们秉乘“你用电，我用心”的服务理念，注重实用性与导向性的结合，围绕着营业厅业务知识重点，致力于优质服务水平的提升。 本书采用一问一答的对话形式，精心设计对话场景，兼顾理论性与实践性，努力满足窗口人员对业务知识的需求。 这本致力于贡献彰显“盐电品牌”和盐城特色营业厅服务模式的实用手册，希望能给营销部、供电所管理人员和窗口人员带来有价值的参考和启迪。

由于时间仓促和编写人员能力有限，书中难免存在不足和疏漏之处，恳请读者批评指正。 我们愿通过一点一滴、持之以恒的努力，在读者和编者的积极互动中逐渐提高业务水平，不断推出更有特色、更具实用价值的作品。

最后，对所有在本书编写过程中提供帮助的单位和人员，表示由衷的感谢和敬意。

编　者

2021 年 7 月 20 日

目录

CONTENTS

第二部分　变更用电

第四部分　热点问题

供电营业厅窗口业务常用语释义

业务扩充

即业扩或业扩报装，指为新装和增容客户办理各种必需的登记手续和一些业务手续。业务扩充是供电企业电力供应和销售的受理环节，是电力营销工作的开始。

一口对外

把营业窗口建设成客户服务中心，客户服务中心的运作遵循内转外不转的原则，即公司内部传递的所有程序均由客户经理牵头，客户服务中心办理，而客户只要“进一个门、找一个人”，便能在规定期限内办完一次业扩报装申请。

同城异地

一般来说，在同一市级供电公司本部或县级供电公司业务范围内，各供电营业厅均可承接全市业务。农村供电所不能直接办理的业务，由受理营业厅在规定时限内将客户资料转至所属城市的营业厅办理。

三零

指零上门、零审批、零投资。

零上门： 实行线上用电报装服务，用户可以在线提出用电需求、签订电子合同，供电企业委派专人上门服务，用户无须往返营业厅，用电报装“一次都不跑”。

零审批： 供电企业精简办电资料，一次性收取所有材料，代替用户办理电力接入工程审批手续，地方政府有关部门优化审批服务，实现一窗受理、并行操作、限时办结。

零投资： 供电企业将投资界面延伸至用户红线，报装容量在160千瓦及以下的用电通过低压方式接入，计量装置及以上工程由供电企业投资建设。

三省

省力、省时、省钱的简称。

省力： 推广“互联网+”线上办电服务，推动政企办电信息互联互通，供电企业直接获取用户办电所需证照信息，用户在线提交用电申请、查询业务办理进程、评价服务质量，实现办电“最多跑一次”。

省时： 地方政府有关部门简化电力接入工程审批程序、压减审批时限；供电企业实行业务办理限时制，加快业务办理速度，确保用户及时接电。

省钱： 供电企业优化供电方案，实行就近就便接入电网，降低用户办电成本。

三公开

办电程序时限公开、电网供电能力公开、收费项目标准信息公开。

一证受理

在受理新装（增容）时可提供“一证受理”服务，客户提供“一证”签订书面承诺书，即可受理业务。个人客户“一证”为房产证明或产权人身份证明，企业客户“一证”为主体资格证明。

一次告知制

营业窗口受理业务时，将所需资料及相关流程一次性告知客户，办理业务所需资料制成书面告知书递交至客户手中，确保客户正式申请业务时备齐相关资料。

首问负责制度

客户向供电企业咨询、查询、报修、申请业务、投诉、举报或要求提供其他电力服务时，由首次接待的员工（以下简称首问责任人）按相关规定负责处理的制度。首先被询问的员工，要负责解答、介绍、引导，如不能当场处理或不属于职责范围内的，要做到：①向客户说明，引导其到相关部门办理；②让客户稍等，电话联系相关部门，及时解决；③留下客户电话，了解后再电话告知客户。

限时办结制

严格按照国家电网公司、省电力公司规定的各项承诺时限处理客户提出的有关供电方面的所有事项。其中柜台服务时限规定居民客户收费办理时间一般每件不超过5分钟，用电业务办理时间一般每件不超过20分钟。业务高峰期应采取应急措施，保证排队人员等候时间不超过30分钟。

特约委托

特约委托有电子托收、集中代收付、手工托收和其他委托四种方式。

电子托收是供电公司将客户的应收电费、户号、协议号、开户银行、银行账号等信息给委托收款的开户银行，该银行根据供电公司提供的信息，将客户的应收电费从其账户中自动划转到供电公司的电费专用账户上。

集中代收付（俗称“普通托收”），是供电公司将应收电费、协议号、开户行、账号等信息传输给集中代收付业务平台（人民银行开发用于实现集中代收付的系统），平台对数据校验后传输给委托收款开户行，由开户行将电费转到供电公司电费账户。

手工托收（俗称“普通托收”），是由供电公司将打印好的电费托收纸制凭证及客户电费发票交付给开户银行，再统一通过当地人民银行的同城特约委托系统到用电客户的开户行进行电费划拨，最后根据银行的盖章回单进行电费统一账户的资金到账确认并销账。

其他类型的委托统称为**其他委托**。

第一部分

获得电力

一、低压居民用电新装增容

申请所需资料：居民用电申请表、用电主体资格证明［用电人有效身份证明、法人营业执照或非法人组织机构证明文件（统一社会信用代码证），如委托他人办理需同时提供经办人有效身份证明］、用电地址的物业权属证明（房屋所有权证或土地使用权证）。原用电范围内的增容业务，在证件有效期内无须重复提交资料。

对话场景1　资料齐全

受理员：您好，请坐，请问您需要办理什么业务？

客户：你好，我家还没开户，想申请用电。

受理员：请问您开户是做什么用途？住宅使用还是经营使用？

客户：是自己家住的。

零星居民新装（增容）业务一次告知书

尊敬的电力客户：

欢迎您到国网江苏省电力有限公司办理用电业务。为了方便您办理业务，请您仔细阅读以下内容。

① 业务办理流程

A 申请受理 → B 装表接电

② 业务办理说明

A–申请受理

服务内容：您可通过网上国网App、95598智能互动网站或供电营业厅提交正式用电申请，也可以通过95598客服电话等渠道咨询用电业务办理流程。我们为您提供全省异地业务受理服务，各营业厅均可受理全省范围内的用电申请。

我们将与您签订供用电合同及相关协议，约定双方的权利和义务。供用电合同相关协议依据国家、行业、地方的法律、法规，按照平等自愿、协商一致的原则签订。

申请所需资料：①用电主体资格证明（用电人有效身份证明、法人营业执照或非法人组织机构证明文件（统一社会信用代码证），如委托他人办理需同时提供经办人有效身份证明）；②用电地址的物业权属证明（房屋所有权证或土地使用权证）。原用电范围内的增容业务，在证件有效期限内无需重复提供资料。

B–装表接电

服务内容：对新装、增容项目报装容量在《居住区供配电设施建设标准》（DGJ32/TJ11–2016）规定的基本配置容量[1]以内的单相用电，我们投资建设至您户内分线盒。对报装容量超过基本配置容量或申请三相用电的电网接入点以下工程，由您依据我们向您答复的供电方案，自行委托具有相应资质的施工单位及设备供货单位进行实施，工程应满足国家、行业和地方相关技术标准。

注

1.根据《居住区供配电设施建设标准》（DGJ32/TJ11–2016），我们投资建设至您户内分线盒基本配置容量的标准为：建筑面积120平方米及以下为8千瓦/户；120~150平方米（含150平方米）为12千瓦/户；150~200平方米（含200平方米）为16千瓦/户；200平方米以上为80瓦/平方米。

国网××某供电公司
居民用电申请表

工单编号：________号

客户编号：________号

<table>
<tr><td rowspan="10">客户填写栏</td><td colspan="4">一、客户资料</td></tr>
<tr><td>户　　名</td><td colspan="3"></td></tr>
<tr><td>用电地址</td><td colspan="3"></td></tr>
<tr><td>经　办　人</td><td></td><td>经办人电话</td><td></td></tr>
<tr><td>用电人固定电话</td><td></td><td>用电人移动电话</td><td></td></tr>
<tr><td colspan="4">二、申请内容</td></tr>
<tr><td>申请类型</td><td colspan="3">□新装　□增容：原有容量______千瓦</td></tr>
<tr><td>申请容量</td><td colspan="3">□8千瓦　□12千瓦　□______千瓦　房产证面积________平方米</td></tr>
<tr><td>供电方式</td><td colspan="3">□单相　□三相</td></tr>
<tr><td>是否启用分时</td><td colspan="3">□是　□否</td></tr>
<tr><td rowspan="2">告知栏</td><td colspan="4">三、客户须知</td></tr>
<tr><td colspan="4">1. 为保证能够及时将有关用电信息告知客户，请认真填写“客户填写栏”，并确保其有效性。如有变更，请及时前往供电公司办理变更手续。
2. 客户在办理业务时请提供：
a. 用电人有效身份证明；
b. 用电地址物业权属证明。
※原用电范围内的增容业务，在证件有效期限内无需重复提供a、b项资料，仅需办理业务时出示核对而不需复印提交。
※用电人原则上应是房屋产权人，有效身份证明可以是身份证、军官证、护照等有效证件。如委托他人办理，需同时提供经办人有效身份证明。
※用电地址物业权属证明是客户用电地址（建筑物）合法性的重要证明资料，可以是房产证明、不动产证明、建房许可证、宅基地证、公有住房租赁证、房屋居住权证明等。
※我们可在收到您的房产证明或身份证明材料后为您提供“一证受理”服务，请您在现场装表接电时补齐其他资料。
3. 24小时供电服务热线：95598；网上国网App；全国能源监管投诉举报热线：12398。</td></tr>
<tr><td rowspan="2">客户申明栏</td><td colspan="4">四、客户申明</td></tr>
<tr><td colspan="4">本申请表中的信息和提供的相关文件资料真实有效，阅读并接受《客户须知》各项条款，供电公司提供的业务办理告知书已收悉并阅读，我方在用电报装过程的权责等事宜已知晓，谨此申明。
经办人（签字）：
申明日期：　　年　　月　　日</td></tr>
<tr><td rowspan="2">供电公司填写栏</td><td colspan="4">五、受理登记</td></tr>
<tr><td colspan="4">受理日期：　　年　　月　　日　　受理人：</td></tr>
</table>

受理员：好的，您需要办理居民新装业务，需提供的资料有用电主体资格证明、物业权属证明，这是“居民新装业务办理一

次告知书”，请您收好。请问您是户主本人吗？

客户：是。这是我的身份证和房产证。

受理员：好的，现在为您办理。请问您是否需要开通峰谷分时用电？

客户：开通。装电能表需要多少钱呢？

受理员：不收费。这是“居民用电申请表”，请您确认信息并签字。

客户：好的。

受理员：推荐您下载“网上国网”App，通过线上渠道办理业务，进行线上交费、查询日用电量等。

客户：好的，麻烦你帮我下载，我回去试试。

受理员：已为您下载好，请问还有其他业务需要办理吗？

客户：没有了。

受理员：好的，这是我们的客户联系卡，后期您有任何需要可以随时联系我们，请带好您的随身物品，请慢走！

对话场景2　一证受理

受理员：您好，请坐，请问您需要办理什么业务？

客户：你好，我家还没开户，想申请用电。

受理员：请问您开户是做什么用途？住宅使用还是经营使用？

客户：是自己家住的。

受理员：好的，您要办理居民新装业务，需要提供的资料有用电主体资格证明、物业权属证明，这是“居民新装业务办理一次告知书”，请您收好。请问您是户主本人吗？

客户：是。但是我只带了××××××，可以吗？

受理员：可以，供电公司提供“一证受理”服务，在收到您有效身份证明或物业权属证明并签署“承诺书”后，正式受理申请并启动后续流程，在装表接电前由工作人员现场收取其他资料。请问您是否需要开通峰谷分时用电？

客户：开通。装电能表收费吗？

受理员：不收费。这是“居民用电业务申请表”，请您确认信息并签字。

客户：好的。

受理员：推荐您下载“网上国网”App，通过线上渠道办理业务，进行线上交费、查询日用电量等。

客户：好的，麻烦你帮我下载，我回去试试。

受理员：已为您下载好，请问还有其他业务需要办理吗？

客户：没有了。

受理员：好的，这是我们的客户联系卡，后期您有任何需要可以随时联系我们，请带好您的随身物品，请慢走！

对话场景3　非本人办理

受理员：您好，请坐，请问您需要办理什么业务？

客户：你好，我家还没开户，想申请用电。

受理员：请问您开户是做什么用途？住宅使用还是经营使用？

客户：是自己家住的。

受理员：好的，您要办理居民新装业务，需要提供资料有用电主体资格证明、物业权属证明，这是“居民新装业务办理一次告知书”，请您收好。请问您是户主本人吗？

客户：不是。我帮××来办理的，其他资料都有可以办理吗？

受理员：可以，您需再出具一份授权委托书和经办人的身份证明即可。

客户：好的。

受理员：请问您是否需要开通峰谷分时用电？

客户：开通。装电能表收费吗？

受理员：不收费。这是“居民新装申请表”，请您确认信息并签字。

客户：好的。

受理员：推荐您下载“网上国网”App，通过线上渠道办理业务，进行线上交费、查询日用电量等。

客户：好的，麻烦你帮我下载，我回去试试。

受理员：已为您下载好，请问还有其他业务需要办理吗？

客户：没有了。

受理员：好的，这是我们的客户联系卡，后期您有任何需要可以随时联系我们，请带好您的随身物品，请慢走！

对话场景 4　无产权证

受理员：您好，请坐，请问您要办理什么业务？

客户：你好，我家还没开户，想申请用电。

受理员：请问您开户是做什么用途？住宅使用还是经营使用？

客户：是自己家住的。

受理员：好的，您要办理居民新装业务，需要提供的资料有用电主体资格证明、物业权属证明，这是“居民新装业务办理一次告知书”，请您收好。请问您是户主本人吗？

客户：是。我没有房产证，怎么办理？

受理员：没有房产证，可以提供开发商的购房合同、拆迁协议、建房许可证、房管公房租赁证、房屋居住权证明，或者当地村建办出具盖有公章的产权证明。

客户：好的，咨询一下，谢谢。

受理员：不客气，请问还有其他业务需要办理吗？

客户：没有了。

受理员：好的，这是我们的客户联系卡，后期您有任何需要可以随时联系我们，请带好您的随身物品，请慢走！

对话场景 5　二手房

受理员：您好，请坐，请问您需要办理什么业务？

客户：你好，我家还没开户，想申请用电。

受理员：请问您开户是做什么用途？住宅使用还是经营使用？

客户：是自己家住的。

受理员：好的，您要办理居民新装业务，需要提供的资料有用电主体资格证明、物业权属证明，这是“居民新装业务办理一次告知书”，请您收好。请问您是户主本人吗？

客户：是。我买的别人家房子，但是还没开过户，以前接隔壁用电。

受理员：可以提供原始房屋产权证明、双方的买卖合同，或者当地房屋管理部门如村建办等出具盖有公章的产权证明。

客户：好的，咨询一下，谢谢。

受理员：不客气，请问还有其他业务需要办理吗？

客户：没有了。

受理员：好的，这是我们的客户联系卡，后期您有任何需要可以随时联系我们，请带好您的随身物品，请慢走！

对话场景6　未携带资料

受理员：您好，请坐，请问您要办理什么业务？

客户：你好，我家还没开户，想申请用电。

受理员：请问您开户是做什么用途？住宅使用还是经营使用？

客户：是自己家住的。

受理员：好的，您需要办理居民新装业务，需要提供的资料有用电主体资格证明、物业权属证明，这是“居民新装业务办理一次告知书”，请您收好。请问您是户主本人吗？

客户：是。这些资料都有，但是我现在都没带。

受理员：没有关系，可以留下您的具体信息，稍后工作人员会和您预约上门服务，在工作人员到现场装电能表接电之前补齐资料即可。请您提供家庭住址和联系电话，我们登记一下。

客户：我叫×××，地址在×××，电话是×××。

受理员：这是“居民新装业务申请表”，请您确认信息并签字，请问是否开通峰谷分时用电？

客户：开通。装电能表收费吗？

受理员：不收费。这是“居民客户开通分时申请表”，请您确认信息并签字。

客户：好的。

受理员：推荐您下载“网上国网”App，通过线上渠道办理业务，进行线上交费、查询日用电量等。

客户：好的，麻烦你帮我下载，我回去试试。

受理员：已为您下载好，请问还有其他业务需要办理吗？

客户：没有了。

受理员：好的，这是我们的客户联系卡，后期您有任何需要可以随时联系我们，请带好您的随身物品，请慢走！

对话场景7　同城异地受理

受理员：您好，请坐，请问您需要办理什么业务？

客户：你好，我家在××市××县还没开户，想申请用电。可以办理吗？

受理员：可以，我们为您提供同城异地办理业务。资料收集后，将在一个工作日内转给所属地营业厅，由其工作人员联系您勘查接电。这是该地区营业厅的联系电话，您有任何问题也可以直接联系。这是“居民新装业务办理一次告知书”，请您收好。

客户：好的，咨询一下，谢谢。

受理员：不客气，请问还有其他业务需要办理吗？

客户：没有了。

受理员：好的，这是我们的客户联系卡，后期您有任何需要可以随时联系我们，请带好您的随身物品，请慢走！

对话场景8　增容

受理员：您好，请坐，请问您需要办理什么业务？

客户：我家户号×××，家里增加几台电器，经常断电。

受理员：经查询该户电费未结清，结清费用后可办理增容业务。请问您是户主本人吗？

客户：是的，费用现在交。

受理员：系统内办理新装时已提供用电主体资格证明、物业权属证明，证件都在有效期内，您无需再次提供。请问您是否需要开通峰谷分时用电？

客户：开通。增容收费吗？

受理员：不收费。这是“居民新装（增容）业务申请表”，请您确认信息并签字。

客户：好的。

受理员：推荐您下载“网上国网”App，通过线上渠道办理业务，进行线上交费、查询日用电量等。

客户：好的，麻烦你帮我下载，我回去试试。

受理员：已为您下载好，请问还有其他业务需要办理吗？

客户：没有了。

受理员：好的，这是我们的客户联系卡，后期您有任何需要可以随时联系我们，请带好您的随身物品，请慢走！

对话场景 9　报装容量在规定的基本配置容量以内的单相用户

受理员：您好，请坐，请问您需要办理什么业务？

客户：咨询一下，居民装电能表接电的时限。

受理员：业务全过程平均办理时间为 3 个工作日。

客户：要不要我们自己施工？

受理员：由供电公司投资外部配套 10 千伏电源线路，建设范围由电网电源点至居民户内分线盒；电能表下线路由用户自行委托具备相应资质的施工单位及设备供货单位进行建设。

客户：你们可以提供施工单位给我吗？

受理员：您好，我们不指定施工单位，您可以到国家能源局网站自行选择有资质的施工单位，这是《查询步骤手册》，请您收好。

客户：了解了，谢谢！

受理员：推荐您下载“网上国网”App，通过线上渠道办理业务，进行线上交费、查询日用电量等。

客户：好的，麻烦你帮我下载，我回去试试。

受理员：已为您下载好，请问还有其他业务需要办理吗？

客户：没有了。

受理员：好的，这是我们的客户联系卡，后期您有任何需要可以随时联系我们，请带好您的随身物品，请慢走！

对话场景 10　报装容量超过基本配置容量或三相用电的用户

受理员：您好，请坐，请问您需要办理什么业务？

客户：咨询一下，居民装三相电空调的时限。

受理员：业务全过程平均办理时间为 3 个工作日。

客户：要不要我们自己施工？

受理员：您根据供电公司提供的答复方案，自行委托具备相应资质的施工单位及设备供货单位进行建设。

客户：你们可以提供施工单位给我吗？

受理员：您好，我们不指定施工单位，您可以到国家能源局网站自行选择有资质的施工单位，这是《查询步骤手册》，请您收好。

客户：了解了，谢谢！

受理员：推荐您下载“网上国网”App，通过线上渠道办理业务，进行线上交费、查询日用电量等。

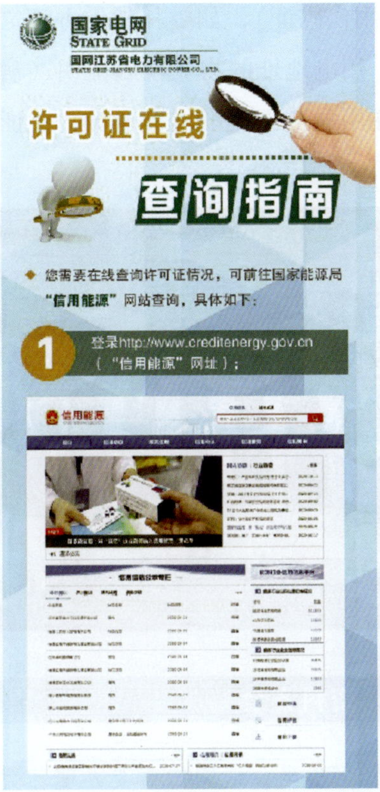

客户：好的，麻烦你帮我下载，我回去试试。

受理员：已为您下载好，请问还有其他业务需要办理吗？

客户：没有了。

受理员：好的，这是我们的客户联系卡，后期您有任何需要可以随时联系我们，请带好您的随身物品，请慢走！

二、低压非居民用电新装增容

申请所需资料：“非居民用电申请表”、用电主体资格证明［用电人有效身份证明、法人营业执照或非法人组织机构证明文件（统一社会信用代码证），如委托他人办理需同时提供经办人有效身份证明]、用电地址的物业权属证明（房屋所有权证或土地使用权证）。原用电范围内的增容业务，在证件有效期内无须重复提交资料。

对话场景 1　资料齐全

受理员：您好，请坐，请问您需要办理什么业务？

客户：你好，我家还没开户，想申请用电。

受理员：请问您开户是做什么用途的？住宅使用还是经营使用？

客户：经营使用。

受理员：您需要办理低压非居民用电新装业务。个人需要提供的资料有产权人有效身份证明、物业权属证明。这是“低压非居民新装（增容）业务一次告知书”，请您收好。请问户主是您本人吗？

客户：是。这些是我的资料。

低压非居民新装（增容）业务一次告知书

尊敬的电力客户：

欢迎您到国网江苏省电力有限公司办理用电业务。为了方便您办理业务，请您仔细阅读以下内容。

① 业务办理流程

A 申请受理 → B 装表接电

② 业务办理说明

A–申请受理

服务内容： 您可通过网上国网App、95598智能互动网站或供电营业厅提交正式用电申请，也可以通过95598客服电话等渠道咨询用电业务办理流程。我们为您提供全省异地业务受理服务，各营业厅均可受理全省范围内的用电申请。

我们将与您签订供用电合同及相关协议，约定双方的权利和义务。供用电合同相关协议依据国家、行业、地方的法律、法规，按照平等自愿、协商一致的原则签订。

申请所需资料： 1.用电主体资格证明（用电人有效身份证明、法人营业执照或非法人组织机构证明文件（统一社会信用代码证），如委托他人办理需同时提供经办人有效身份证明）;2.用电地址的物业权属证明（房屋所有权证或土地使用权证）。原用电范围内的增容业务，在证件有效期限内无需重复提供资料。

B–装表接电

服务内容： 对于国网江苏省电力有限公司供电范围内，报装容量在160千伏安及以下的非居民新装、增容用电采用低压供电，并由我公司投资建设至客户产权分界点。

注

1. 对于以供电接户线接入的客户，按以下标准确定产权分界点：无户外进户熔丝的，以客户端户外最后支持物为产权分界点；有户外进户熔丝（保险、羊角）的，以户外进户熔丝作为产权分界点。对于低压配电室（小区变电所、低压分支箱、综合配电箱）供电的客户，按以下标准确定产权分界点：低压配电室出线开关下桩头（客户侧）与客户进户电缆连接处为产权分界点。低压小微企业，由供电企业投资到电能计量箱，以电能计量箱出线开关下桩头为产权分界点。

2.低压非居民新装（增容）业务全过程平均办理时间为10个工作日以内。

受理员：好的，现在为您办理。

客户：好的。

受理员：这是“低压非居民新装（增容）业务申请表”，请您确认信息并签字。

客户：好的，谢谢！

受理员：不客气，您也可以下载“网上国网”App，通过线上渠道办理业务，进行线上交费、查询日用电量等，需要给您下载吗？

客户：好的，麻烦你帮我下载，我回去试试。

受理员：已为您下载好，请问还有其他业务需要办理吗？

客户：没有了。

受理员：好的，这是我们的客户联系卡，后期您有任何需要可以随时联系我们，请带好您的随身物品，请慢走！

国网××某供电公司

非居民用电申请表

工单编号：______号

客户编号：______号

客户填写栏

一、客户资料							
户名				行业分类			
用电地址				行政区			
预计用电时间				经办人		联系电话	
法人联系人		联系电话		电气联系人		联系电话	

二、申请内容					
申请容量（千伏安）	电源性质	原容量	增加容量	新装容量	合计容量
	★电源性质按/主供/ /备用/ /保安/三种分类填写				
供电方式	□单相　□三相　□单电源　□多电源				
用电期限	□正式用电　□临时用电　期限：□一年　□两年　□三年 □不装表临时用电　期限：____天				
项目概况					

三、电费发票开票信息登记				
电费开票类型	□需开具增值税普通发票　□需开具增值税专用发票			
开票名称		纳税人识别号		
开户银行		银行账号		
法定地址			电话	

四、客户申明

本申请表中的信息和提供的相关文件资料真实有效，阅读并接受《客户须知》（背面）各项条款，供电公司提供的业务办理告知书已收悉并阅读，我方在用电报装过程的权责等事宜已知晓，谨此申明。

用电客户：（签章）　　　　经办人：（签字）

供电公司填写栏

五、受理登记

受理日期：　年　月　日　　　受理人：

对话场景 2　一证受理

受理员：您好，请坐，请问您需要办理什么业务？

客户：你好，我家还没开户，想申请用电。

受理员：请问您开户是做什么用途的？住宅使用还是经营使用？

客户：开个公司，做经营使用。

受理员：您需要办理低压非居民用电新装业务。个人需要提供的资料：用电人主体资格证明、物业权属证明。这是“低压非居民新装（增容）业务一次告知书”，请您收好。请问您是法人代表吗？

客户：是，但是我只带了营业执照，可以吗？

受理员：可以，供电公司提供“一证受理”服务，在收到您用电主体资格证明并签署“承诺书”后，正式受理申请并启动后续流程，在装电能表接电前由工作人员现场收取其他资料。

客户：好的。

受理员：这是“低压非居民新装业务申请表”，请您确认信息并签字。

客户：好的，谢谢！

受理员：不客气，您也可以下载“网上国网”App，通过线上渠道办理业务，进行线上交费、查询日用电量等，需要给您下载吗？

客户：好的，麻烦你帮我下载，我回去试试。

受理员：已为您下载好，请问还有其他业务需要办理吗？

客户：没有了。

受理员：好的，这是我们的客户联系卡，后期您有任何需要可以随时联系我们，请带好您的随身物品，请慢走！

承诺书

盐城市大丰区供电公司：

本单位申请办理用电，用电地址__________，申请容量____千伏安。因__________________原因，目前暂仅能提供本单位主体资格证明资料《__________》，其他用电申请资料在以下时间点提供：

在________（时间或环节）前提交资料：《____________》。

在_________（时间或环节）前提交资料：《_____________》。

为保证本单位能够及时用电，请供电公司先行启动相关服务流程，我单位承诺：

1.我方已清楚了解上述各项资料是完成用电报装的必备条件，不能在规定的时间提交将影响后续业务办理，甚至造成无法送电。若因我方无法按照承诺时间提交相应资料，由此引起的流程暂停或终止、延迟送电等相应后果由我方自行承担。

2.我方已清楚了解所提供各类资料的真实性、合法性、有效性、准确性是合法用电的必备条件。若因我方提供资料的真实性、合法性、有效性、准确性问题造成无法按时送电，或送电后引发电力安全事故，或被政府有关部门责令中止供电、关停、取缔等情况，所造成的法律责任和各种损失后果由我方全部承担。

用电人（ 承诺方）：

年 月 日

对话场景3 委托人办理

受理员：您好，请坐，请问您需要办理什么业务？

客户：你好，我们单位还没开户，想申请用电。

受理员：您需要办理低压非居民用电新装业务。这是“低压非居民新装（增容）业务一次告知书”，请您收好。请问您是法人代表吗？

客户：不是。我是委托人，其他资料都有可以办理吗？

受理员：可以，您需再出具一份盖有公章的法人授权委托书和经办人的身份证明即可。

客户：好的，先咨询一下，谢谢！

受理员：不客气，您也可以下载“网上国网”App，通过线上渠道办理业务，现在供电公司对低压小微企业实行“三零”服务，“零上门、零审批、零投资”，您可以线上申请用电需求、签订供用电合同，供电公司委派专人上门服务，您无须往返营业厅，需要给您下载吗？

客户：好的，麻烦你帮我下载，我回去试试。

受理员：已为您下载好，请问还有其他业务需要办理吗？

客户：没有了。

受理员：好的，这是我们的客户联系卡，后期您有任何需要可以随时联系我们，请带好您的随身物品，请慢走！

对话场景 4　无房产证

受理员：您好，请坐，请问您需要办理什么业务？

客户：你好，我家还没开户，想申请用电。

受理员：请问您开户是做什么用途的？住宅使用还是经营使用？

客户：开个公司，做××××使用。

受理员：您需要办理低压非居民用电新装业务。需要提供的资料有用电人主体资格证明、物业权属证明。这是“低压非居民新装业务一次告知书”，请您收好。请问您是法人代表吗？

客户：是。产权证没办好，可以办理吗？

受理员：可以，您可以提供房产买卖契约及全额购房发票、房管公房租赁证、建房许可证或土地使用证（土地使用证内含有土地宗地图）。

客户：好的，先咨询一下，谢谢！

受理员：不客气，您也可以下载“网上国网”App，通过线上渠道办理业务，进行线上交费、查询日用电量等，需要给您下载吗？

客户：好的，麻烦你帮我下载，我回去试试。

受理员：已为您下载好，请问还有其他业务需要办理吗？

客户：没有了。

受理员：好的，这是我们的客户联系卡，后期您有任何需要可以随时联系我们，请带好您的随身物品，请慢走！

对话场景5　租赁

受理员：您好，请坐，请问您需要办理什么业务？

客户：你好，想申请开户用电。

受理员：请问您开户是做什么用途的？住宅使用还是经营使用？

客户：开个公司，做经营使用。

受理员：您需要办理低压非居民用电新装业务。需要提供的资料有用电人主体资格证明、物业权属证明。这是“低压非居民新装业务一次告知书”，请您收好。请问户主是您本人吗？

客户：不是。这是租的房子，可以办理吗？

受理员：由产权人携带以上资料办理，或者被委托人携带以上资料及产权人出具的授权委托书、被委托人有效身份证明进行办理。

客户：好的，先咨询一下，谢谢！

受理员：不客气，您也可以下载“网上国网”App，通过线上渠道办理业务，进行线上交费、查询日用电量等，需要给您下载吗？

客户：好的，麻烦你帮我下载，我回去试试。

受理员：已为您下载好，请问还有其他业务需要办理吗？

客户：没有了。

受理员：好的，这是我们的客户联系卡，后期您有任何需要可以随时联系我们，请带好您的随身物品，请慢走！

对话场景6　报刊亭

受理员：您好，请坐，请问您需要办理什么业务？

客户：你好，有个报刊亭想申请用电。

受理员：您需要办理低压非居民用电新装业务。个人需要提供的资料有由所在街道办或其上级管理机构出具相关证明材料，并携带此证明材料、报刊亭负责人身份证原件和复印件。这是“低压非居民新装业务一次告知书”，请您收好。请问报刊亭负责人是您本人吗？

客户：是的，先咨询一下，谢谢！

受理员：不客气，您也可以下载“网上国网”App，通过线上渠道办理业务，进行线上交费、查询日用电量等，需要给您下载吗？

客户：好的，麻烦你帮我下载，我回去试试。

受理员：已为您下载好，请问还有其他业务需要办理吗？

客户：没有了。

受理员：好的，这是我们的客户联系卡，后期您有任何需要

可以随时联系我们，请带好您的随身物品，请慢走！

对话场景 7　同城异地受理

受理员：您好，请坐，请问您需要办理什么业务？

客户：你好，我家在××市××县还没开户，想申请用电。可以办理吗？

受理员：可以，我们为您提供同城异地办理业务。资料收集后，将在一个工作日内转给所属营业厅，由其工作人员联系您勘查接电。这是该地区营业厅的联系电话，您有任何问题也可以直接联系。这是“低压非居民新装业务一次告知书”，请您收好。

客户：好的，咨询一下，谢谢。

受理员：不客气，您也可以下载“网上国网”App，通过线上渠道办理业务，进行线上交费、查询日用电量等，需要给您下载吗？

客户：好的，麻烦你帮我下载，我回去试试。

受理员：已为您下载好，请问还有其他业务需要办理吗？

客户：没有了。

受理员：好的，这是我们的客户联系卡，后期您有任何需要可以随时联系我们，请带好您的随身物品，请慢走！

对话场景 8　增容

受理员：您好，请坐，请问您需要办理什么业务？

客户：我家户号×××，家里增加几台电器，用不了怎么办？

受理员：经查询该户电费未结清，结清费用后可办理增容业务。您是户主本人吗？

客户：是的，电费现在交。

受理员：系统内办理新装时已有用电主体资格证明、物业权属证明，证件都在有效期内，您无须再次提供。

客户：好的。

受理员：这是“低压非居民新装业务申请表”，请您确认信息并签字。

客户：谢谢！

受理员：不客气，您也可以下载“网上国网”App，通过线上渠道办理业务，进行线上交费、查询日用电量等，需要给您下载吗？

客户：好的，麻烦你帮我下载，我回去试试。

受理员：已为您下载好，请问还有其他业务需要办理吗？

客户：没有了。

受理员：好的，这是我们的客户联系卡，后期您有任何需要可以随时联系我们，请带好您的随身物品，请慢走！

对话场景9　电价、时限、施工

受理员：您好，请坐，请问您需要办理什么业务？

客户：咨询一下，供电公司对于我们小微企业申请用电有什么服务？

受理员：低压小微企业用电报装执行“三零”服务，即“零上门、零审批、零投资”。

客户：好的。非居民电价是多少？现场装电能表收费吗？

受理员：电价是0.6664元/千瓦时。根据工作人员现场勘查，如果勘查后需要用到两路及以上多回路供电，需收取高可靠性供电费用。这是《江苏省电力价格及收费标准》，您可以看一下。

客户：好的，装电能表时限呢？

受理员：业务全过程平均办理时间为10个工作日。全流程时限无法确定，因为施工的时间主要取决于您的施工情况，供电公司无法干预。

客户：怎么判断是不是小微企业？

受理员：打开手机搜索“小微企业名录查询”，根据您提供的营业执照上的名称进行查询。

客户：是不是小微企业的施工有什么不同？

受理员：工作人员勘查后看您是否符合小微企业扶持规定。

符合小微企业扶持规定的，由供电公司投资到电能计量箱，以电能计量箱出线开关下桩头为产权分界点，产权分界点下线路由用户自行委托具备相应资质的施工单位及设备供货单位进行建设。

不符合小微企业扶持规定的，由供电公司投资建设至客户产权分界点，产权分界点下线路都由用户自行委托具备相应资质的施工单位及设备供货单位进行建设。

客户：产权分界点具体指什么？

受理员：无户外进户熔丝的，以客户端户外最后支持物为产权分界点；有户外进户熔丝的，以户外进户熔丝为产权分界点；低压配电室（小区变电所、低压分支箱、综合配电箱）供电的用户，低压配电室出线开关下桩头（客户侧）与客户进户电缆连接处为产权分界点；小微企业，以电能计量箱出线开关下桩头为产权分界点。

客户：你们可以提供施工单位给我吗？

受理员：我们不指定施工单位，您可以到国家能源局网站自行选择有资质的施工单位，这是《查询步骤手册》，请您收好。

客户：好的，谢谢！

受理员：不客气，您也可以下载“网上国网”App，通过线上渠道办理业务，进行线上交费、查询日用电量等，需要给您下载吗？

客户：好的，麻烦你帮我下载，我回去试试。

受理员：已为您下载好，请问还有其他业务需要办理吗？

客户：没有了。

受理员：好的，这是我们的客户联系卡，后期您有任何需要可以随时联系我们，请带好您的随身物品，请慢走！

对话场景 10 低压增容至高压

受理员：您好，请坐，请问您需要办理什么业务？

客户：我们公司新增加了几台电气设备，现在用不了，怎么办？

受理员：请您提供户号或者地址，需系统查询一下。

客户：××××××××××××

受理员：机内显示您电费已结清，可办理增容业务。请问您增加了哪几种设备？大概要增到多大容量？

客户：增加××××××，电工测算大概需要 250 千伏安。

受理员：您申请的容量在 160 千伏安以上，需按照高压新装受理。这是“高压新装（增容）业务一次告知书”，有详细的业务办理流程、申请所需资料及工作时限，请您收好！

客户：好的，我回去准备资料来办理。

受理员：好的，请问还有其他业务需要办理吗？

客户：没有了。

受理员：好的，这是我们的客户联系卡，后期您有任何需要

可以随时联系我们，请带好您的随身物品，请慢走！

三、高压新装（增容）

申请所需资料："非居民用电申请表"、用电主体资格证明［用电人有效身份证明、法人营业执照或非法人组织机构证明文件（统一社会信用代码），如委托他人办理需同时提供经办人有效身份证明］、用电地址的物业权属证明（房屋所有权证或土地使用权证）、用电工程项目批复或备案文件等。原用电范围内的增容业务，在证件有效期限内无须重复提供资料。

对话场景1　资料齐全但不清楚容量

受理员：您好，请坐，请问您需要办理什么业务？

客户：你好，我有个厂房想申请一台变压器？

受理员：请提供您需要用电的具体地址？现场是否已办理过用电业务？

客户：具体地址是×××××，是刚建好的厂房，还没有使用。

受理员：请问您现场大概需要多大设备容量？

客户：不清楚，厂房刚建好，还不能确定容量。

受理员：好的，您现场用电设备容量超过160千伏安者的，可采用高压供电，特殊情况也可采用低压三相四线制供电。高压新装办理，您需要提供用电人主体资格证明材料、物业权属证明、项目批复文件，委托他人办理的需授权委托书及被委托人身份证明。这是“高压新装（增容）业务一次告知书”，请您收好。

客户：好的，我资料都带来了。

受理员：我现在为您办理，请核实您的申请表信息并签字确认，在受理您的用电申请后，我们会与您预约时间勘查用电现场供电条件，初步确定供电方案。

客户：可以的。用电（收费项目及标准）大概需要多少钱？

受理员：收费项目及标准需要根据工作人员进行现场勘查并确认具体的供电方案来确定，涉及双电源的，供电公司将收取高可靠性供电费用，这是《江苏省电力价格及收费标准》请您收好。

客户：供电公司负责安装变压器吗？

受理员：供电公司是不指定施工、设计和供货单位，您可以到国家能源局信用能源网站查询，自行委托有资质的施工、设计单位进行施工。

受理员：整个高压办理流程是什么？

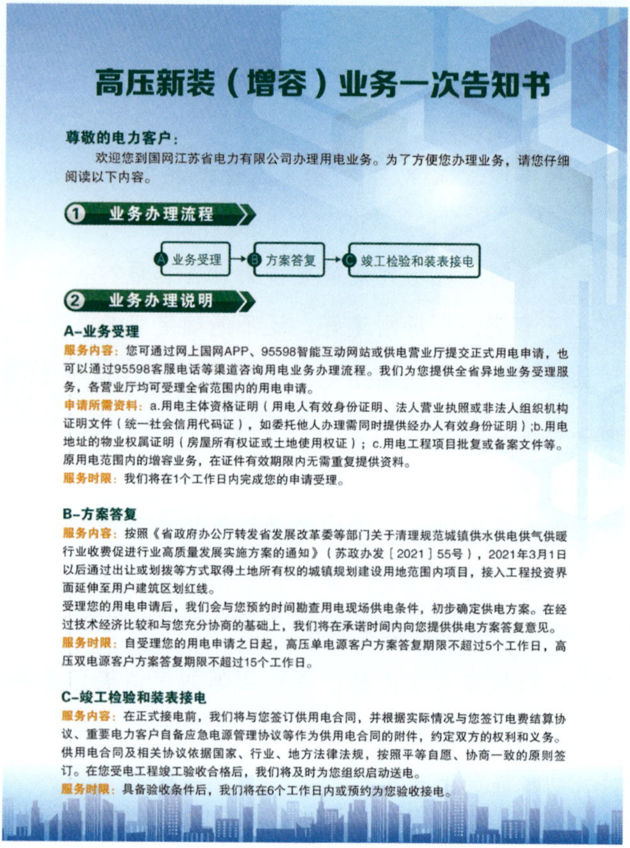

高压新装（增容）业务一次告知书

尊敬的电力客户：

欢迎您到国网江苏省电力有限公司办理用电业务。为了方便您办理业务，请您仔细阅读以下内容。

① 业务办理流程

Ⓐ业务受理 → Ⓑ方案答复 → Ⓒ竣工检验和装表接电

② 业务办理说明

A–业务受理

服务内容：您可通过网上国网APP、95598智能互动网站或供电营业厅提交正式用电申请，也可以通过95598客服电话等渠道咨询用电业务办理流程。我们为您提供全省异地业务受理服务，各营业厅均可受理全省范围内的用电申请。

申请所需资料：a.用电主体资格证明（用电人有效身份证明、法人营业执照或非法人组织机构证明文件（统一社会信用代码证），如委托他人办理需同时提供经办人有效身份证明）;b.用电地址的物业权属证明（房屋所有权证或土地使用权证）；c.用电工程项目批复或备案文件等。原用电范围内的增容业务，在证件有效期限内无需重复提供资料。

服务时限：我们将在1个工作日内完成您的申请受理。

B–方案答复

服务内容：按照《省政府办公厅转发省发展改革委等部门关于清理规范城镇供水供电供气供暖行业收费促进行业高质量发展实施方案的通知》（苏政办发［2021］55号），2021年3月1日以后通过出让或划拨等方式取得土地所有权的城镇规划建设用地范围内项目，接入工程投资界面延伸至用户建筑区划红线。

受理您的用电申请后，我们会与您预约时间勘查用电现场供电条件，初步确定供电方案。在经过技术经济比较和与您充分协商的基础上，我们将在承诺时间内向您提供供电方案答复意见。

服务时限：自受理您的用电申请之日起，高压单电源客户方案答复期限不超过5个工作日，高压双电源客户方案答复期限不超过15个工作日。

C–竣工检验和装表接电

服务内容：在正式接电前，我们将与您签订供用电合同，并根据实际情况与您签订电费结算协议、重要电力客户自备应急电源管理协议等作为供用电合同的附件，约定双方的权利和义务。供用电合同及相关协议依据国家、行业、地方法律法规，按照平等自愿、协商一致的原则签订。在您受电工程竣工验收合格后，我们将及时为您组织启动送电。

服务时限：具备验收条件后，我们将在6个工作日内或预约为您验收接电。

客户：供电公司受理申请后，工作人员现场勘查并答复供电方案，现场验收合格后直接装电能表接电。

客户：那一般多长时间就可以装好了？

受理员：供电公司方案答复周期是高压单电源10个工作日、高压双电源18个工作日，受电工程验收合格并办理相关手续后3个工作日内装电能表送电，但全流程时限无法确定。因为施工的时间主要取决于您现场工程的进度，供电公司无法干预。

客户：知道了。

受理员：请问您还有其他业务需要办理吗？

客户：没有了。

受理员：这是我们的客户联系卡，后期您有任何需要可以随时联系我们，请携带好您的随身物品，请慢走！

对话场景2 一证受理（未携带资料）

受理员：您好，请坐，请问您需要办理什么业务？

客户：你好，我有个厂房想申请一台变压器？

受理员：请提供您需要用电的具体地址？现场是否已办理过用电业务？

客户：具体地址是×××××，是刚建好的厂房，还没有使用。

受理员：请问您现场大概需要多大设备容量？

客户：厂房刚建好，想申请630千伏安变压器。

受理员：好的，您需要办理高压新装业务，需要提供用电人主体资格证明材料、物业权属证明、项目批复文件，委托他人办理的需授权委托书及被委托人身份证明。这是“高压新装（增容）业务一次告知书”，请您收好。

客户：这些资料必须全部提供才能办理吗?

受理员：供电公司可以提供“一证受理”服务，在收到您用电主体资格证明并签署“承诺书”后，正式受理申请并启动后续流程，在装电能表接电前由工作人员现场收取其他资料。

客户：好的，我今天没有带资料来，就是先咨询一下。

受理员：好的，推荐您下载“网上国网”App，可以通过线上渠道进行办理业务、缴纳电费等。

客户：好的，那你帮我下载一个，我回去确认好了再办理!

受理员：已经帮您下载好！您可以通过×××模块进行办理。

客户：知道了。

受理员：请问您还有其他业务需要办理吗?

客户：没有了。

受理员：这是我们的客户联系卡，后期您有任何需要可以随时联系我们，请携带好您的随身物品，请慢走!

对话场景3　高压增容

受理员：您好，请坐，请问您需要办理什么业务?

客户：我有一个公司扩建，想申请增加一台变压器怎么办理?

受理员：请您提供户号或户名，系统内先帮您查询一下。

客户：户号是×××××。

苏电力统 08

国网盐城供电公司
新（扩）建项目供电意见咨询书

申请编号：＿＿＿＿＿＿号

用户编号：＿＿＿＿＿＿号

<table>
<tr><td rowspan="22">客户填写栏</td><td colspan="6">一、客户资料</td></tr>
<tr><td>户　名</td><td colspan="5"></td></tr>
<tr><td>项目名称</td><td colspan="5"></td></tr>
<tr><td>项目选址</td><td colspan="5"></td></tr>
<tr><td>行政区</td><td colspan="2"></td><td>行业分类</td><td colspan="2"></td></tr>
<tr><td>联系人</td><td colspan="2"></td><td>联系电话</td><td colspan="2"></td></tr>
<tr><td>新（扩）建项目批准文号</td><td colspan="5"></td></tr>
<tr><td>项目概况</td><td colspan="5"></td></tr>
<tr><td colspan="6">二、申请内容</td></tr>
<tr><td>申请容量（kW/kVA）</td><td>预计设备总容量</td><td>预计报装总容量</td><td>预计日负荷</td><td>预计通电时间</td><td>主要用电设备名称</td></tr>
<tr><td>基建临时用电</td><td></td><td></td><td></td><td></td><td></td></tr>
<tr><td>本期咨询用电</td><td></td><td></td><td></td><td></td><td></td></tr>
<tr><td>远期设计用电</td><td></td><td></td><td></td><td></td><td></td></tr>
<tr><td>供电方式</td><td colspan="5">□单电源　□双电源　□多电源</td></tr>
<tr><td>其中：本期</td><td colspan="2">电源性质</td><td colspan="3">容量</td></tr>
<tr><td>第一路电源</td><td colspan="2">□主供　□备用　□保安</td><td colspan="3">kVA</td></tr>
<tr><td>第二路电源</td><td colspan="2">□主供　□备用　□保安</td><td colspan="3">kVA</td></tr>
<tr><td>第三路电源</td><td colspan="2">□主供　□备用　□保安</td><td colspan="3">kVA</td></tr>
<tr><td colspan="6">24小时供电服务热线：95598；客户服务网站：www.95598.cn；全国电力监管投诉举报电话：12398</td></tr>
<tr><td>本期项目实施时间</td><td colspan="5">年　月　日——　年　月　日</td></tr>
<tr><td colspan="6">三、客户申明</td></tr>
<tr><td colspan="6">本咨询书中的信息和提供的相关文件资料真实有效。阅读并接受《客户须知》（背面）各项条款，谨此申明。
用电客户（签章）：　　经办人（签字）：
申明日期：　年　月　日</td></tr>
</table>

受理员：经查询该户户名是×××，用电地址是盐城市××县，用电容量是500千伏安。

客户：是的，我厂在××县想再申请一台250千伏安的变压器，这边能办理吗？（同城异地受理）

受理员：可以的，在本省业务范围内的用电申请我们都可以为您提供同城异地受理业务。

客户：那你帮我看下怎么办理？

受理员：您需要办理高压增容业务，提供用电人主体资格证明材料、物业权属证明、项目批复文件，委托他人办理的需授权委托书及被委托人身份证明；在办理初装时，用电地址不变且供电范围未扩大的前提下可不提供用电人有效身份证明、用电地址权属证明、用电工程项目批准文件三项文件。这是“高压新装（增容）业务一次性告知书”，需要提供的资料我们都有备注。

客户：我原来的那台500千伏安变压器电费是怎么组成的？（电费组成）

受理员：好的，请稍等，我帮您查询一下。您单位电费是由基本电费、电度电费、功率因数调整电费三部分组成，是以变压器容量计收基本电费，以月计算是30元/千伏安，电度电费和功率因数调整电费都是按国家规定的目录单价计算和执行，您执行的功率因数标准为0.9。

客户：那我想开增值税发票怎么办理？

受理员：需提供主体资格证明材料、开票资料、授权委托书及被委托人身份证明等资料。

客户：我开的增值税发票跟户名不一致可以办理吗？

受理员：您可以办理签订三方协议进行办理。

客户：要提供哪些资料?

受理员：需要您提供双方的主体资格证明材料、授权委托书及被委托人身份证明、租赁协议、三方协议等资料。

客户：好的。

受理员：请问您还有其他业务需要办理吗?

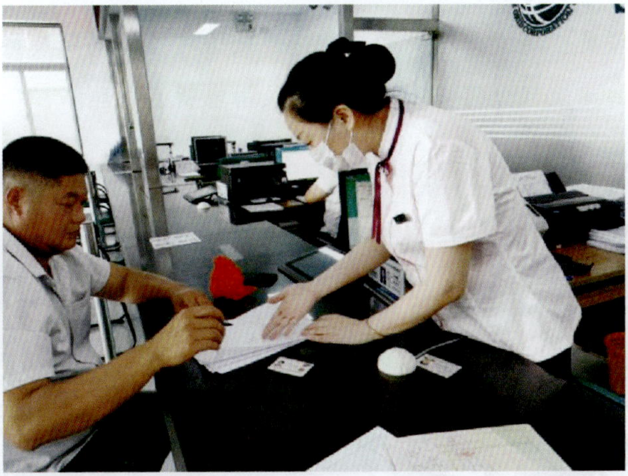

客户：没有了。

受理员：这是我们的客户联系卡，后期您有任何需要可以随时联系我们，请携带好您的随身物品，请慢走!

四、批量新装

申请所需资料：居民/非居民用电申请表、用电主体资格证明［用电人有效身份证明、法人营业执照或非法人组织机构证明文件（统一社会信用代码证），如委托他人办理需同时提供经办人有效身份证明］、用电地址的物业权属证明（房屋所有权证或土地使用权证)、开发单位代为开户委托书、低压供用电合同。

对话场景　批量新装

受理员：您好，请坐，请问您需要办理什么业务？

客户：我们的×××小区施工完成，现在需要装电能表到户，请问怎么办理？

受理员：您好，居民客户需按照低压居民用电新装办理，商业及公共建筑部分需按照低压非居民用电新装办理。

客户：都需要提供哪些资料？

受理员：用电主体资格证明［用电人有效身份证明、法人营业执照或非法人组织机构证明文件（统一社会信用代码证），如委托他人办理需同时提供经办人有效身份证明］；用电地址的物业权属证明（房屋所有权证或土地使用权证）；开发单位代为开户委托书；新装用电申请表；低压供用电合同。这是“低压新装（增容）业务一次告知书”，请您收好。

客户：都收集好了然后直接送到营业厅吗？

受理员：是的，在您资料核实无误经现场验收合格后进行批量新装申请，给您统一安排装电能表接电。

客户：请问缴费卡如何办理？

受理员：在流程归档后我们会统一印制电费卡，通知开发商统一领取。

客户：好的，谢谢！

受理员：不客气，这是我们的客户联系卡，后期您有任何需要可以随时联系我们，请带好您的随身物品，请慢走！

五、临时用电

个人客户申请所需资料：“居民用电申请表”、用电主体资格证明［用电人有效身份证明、法人营业执照或非法人组织机构证明文件（统一社会信用代码），如委托他人办理需同时提供经办人有效身份证明］、用电地址的物业权属证明（房屋所有权证或土地使用权证）。

企业客户申请所需资料：“低压非居民新装（增容）业务用电申请表”、用电主体资格证明［用电人有效身份证明、法人营业执照或非法人组织机构证明文件（统一社会信用代码），如委托他人办理需同时提供经办人有效身份证明］、用电地址的物业权属证明（房屋所有权证或土地使用权证）、用电工程项目批复或备案文件等。

对话场景1　小区的开发商办理临时用电为居民供电

受理员：您好！请坐！请问您需要办理什么业务？

客户：我们小区用电电压老不稳、老跳闸，你们管不管？

受理员：请您提供户号或者户名，我们系统内帮您先查询一下。

客户：×××小区××号楼××室。

受理员：经查询该小区客户未在供电公司办理过开户业务，开发商仅申请过临时用电。

客户：是的，开发商为了省钱一直不肯帮我们办理用电开户，就让我们用临时用电，临时用电符合要求吗？

受理员：以临时用电向小区居民供电的方式，不符合相关法律法规要求，根据《供电营业规则》规定，对基建工地、农田水利、市政建设等非永久性用电，方可供给临时电源。

客户：临时用电最长可以用多长时间？

受理员：临时用电期限由用户按1年及以内、2年、3年三个档次自行选择与公司约定，其中400伏及以下低压临时用电原则上不超过1年。

客户：临时用电一直用有没有什么危害？

受理员：采用临时用电为居住小区生活供电危害很大，供电质量得不到保障，由于供电容量、导线截面、保护装置等均未按居民实际用电需求设计，在负荷高峰期容易出现低电压、停电、配电设备故障甚至引起安全事故。

客户：房子交付前供电公司不装电能表？

受理员：根据江苏省住建厅《关于进一步加强商品住房交付使用管理的通知》（苏建房管〔2014〕176号），促请各地房管部门严格落实省住建厅文件要求，在小区住宅建成交付前，小区正式用电供配电设施必须经过供电公司验收合格且一户一表安装到位，否则不能向业主交付房屋。

客户：我们能不能自己申请开户？

受理员：根据省住建厅文件要求，在小区住宅建成交付前，小区正式用电供配电设施必须经过供电公司验收合格后由开发商统一进行一户一表用电申请。

客户：那我们怎么做才能在供电公司开户装电能表？

受理员：需要用户和开发商协商，由开发商提交小区正式用电，正式用电供配电设施由开发商提交申请经过供电公司验收合格后进行一户一表用电申请。

客户：好的，谢谢！

受理员：好的，这是我们的客户联系卡，后期您有任何需要

可以随时联系我们，请带好您的随身物品，请慢走！

对话场景2　高压临时用电

受理员：您好，请坐，请问您需要办理什么业务？

客户：我有一个厂房建设，想申请一台临时用电变压器怎么办理？

受理员：请问您现场大概需要多大设备容量？

客户：现场都是吊车、水泥搅拌机等，要申请1000千瓦左右。

受理员：好的，您需要提供用电人主体资格证明材料、物业权属证明、项目批复文件、委托他人办理的需授权委托书及被委托人身份证明，这是“高压新装（增容）业务一次告知书”，请您收好。

客户：临时用电可以用多长时间？

受理员：临时用电期限由用户按1年及以内、2年、3年三个档次自行选择与公司约定。临时用电不满3年的，可延期一次，但延期后总期限不得超过3年；临时用电时间累计超过3年的，必须办理销户手续，用户仍有临时用电使用需求的，应按新装办理。

客户：我们估计要建两年多。

受理员：可以的，您可以选择直接办理3年的。

客户：这些资料必须全部提供才能办理吗？

受理员：供电公司可以提供“一证受理”服务，在收到您用电主体资格证明并签署“承诺书”后，正式受理申请并启动后续流程，在装电能表接电前由工作人员现场收取其他资料。

客户：好的，我咨询一下，你把表格先给我带回去吧。

受理员：这是我们的客户联系卡，后期您有任何需要可以随时联系我们，携带好您的随身物品，请慢走！

对话场景3　无电能表临时用电

受理员：您好，请坐，请问您需要办理什么业务？

客户：你好，我们单位要在××路维修地下管道，只需要用两天电，请问要办理什么手续？

受理员：好的，您需要办理的是临时用电业务，临时用电分为装电能表和不装电能表两种，不装电能表临时用电只适用于现场不具备装电能表条件的低压申请。

客户：那我怎么知道我要申请哪种？

受理员：您可以先按装电能表临时用电手续办理，工作人员需到现场勘查，对于现场不具备装电能表条件的发起不装电能表临时用电流程。

客户：那是怎么收费用的？

受理员：2017 年 12 月 1 日起，临时用电的电力用户不再缴纳临时接电费。不装电能表临时用电，供电企业根据其用电容量，双方约定的每日使用时数和使用期限预收全部电费。用电终止时，如实际使用时间不足约定期限二分之一的，可退还预收电费的二分之一；超过约定期限二分之一的，预收电费不退；到约定期限时，终止供电。而且不装电能表临时用电终止时，以系统流程为准。

客户：好的，那我需要提供什么资料呢？

受理员：临时用电申请需要提供的资料有：营业执照、法人代表身份证和项目相关证明文件；如果是经办人办理的，还需提供授权委托书和经办人身份证。这是“低压新装（增容）业务申请表”，需要单位盖章。

客户：好的，谢谢！

受理员：请问还有其他业务需要办理吗？

客户：没有了。

受理员：好的，请带好您的随身物品，请慢走！

对话场景 4　低压装电能表临时用电

受理员：您好，请坐，请问您需要办理什么业务？

客户：我需要××××××，想申请临时用电，请问怎么办理？

受理员：临时用电申请需提供用电主体资格证明、物业权属证明，请您收好。请问您是户主本人吗？

客户：是的，这是资料。

受理员：您的资料齐全，临时用电有1年及以内、2年、3年三个档次，请您选择。

客户：1年及以内。如果到期还需用电，可以继续用吗？

受理员：在临时用电范围及用途未改变的前提下，在到期时间之前1个月申请延期，可办理延期1次，延期后临时用电总期限不超过3年。

客户：到期后不用怎么办理？

受理员：在约定期限内申请拆电能表销户。超过用电期限不办理销户的临时用电客户，按照规定程序终止供电，并办理销户手续。这是“销户业务办理告知书”，请您收好。

客户：好的，电价是多少？

受理员：电价是0.6664元/千瓦时。这是《江苏省电力价格及收费标准》，您可以看一下。

客户：好的。装电能表要多长时间？

受理员：业务全过程平均办理时间为10个工作日。全流程时限无法确定，因为施工的时间主要取决于您的施工情况，供电公司无法干预。

客户：是自己施工吗？

受理员：由供电公司投资建设至客户产权分界点，产权分界点下线路都由用户自行委托具备相应资质的施工单位及设备供货单位进行建设。

客户：好的。你们可以提供施工单位给我吗？

受理员：我们不指定施工单位，您可以到国家能源局网站自行选择有资质的施工单位，这是《查询步骤手册》，请您收好。

客户：好的，谢谢！

受理员：这是非居民用电申请表，请您确认信息并签字。

客户：好的。

受理员：您也可以下载“网上国网”App，通过线上渠道办理业务，进行线上交费、查询日用电量等，需要给您下载吗？

客户：麻烦你帮我下载，我回去试试。

受理员：已为您下载好，请问还有其他业务需要办理吗？

客户：没有了。

受理员：好的，这是我们的客户联系卡，后期您有任何需要可以随时联系我们，请带好您的随身物品，请慢走！

第二部分

变更用电

一、定量定比

申请所需资料：其他业务申请表、用电主体资格证明［用电人有效身份证明、法人营业执照或非法人组织机构证明文件（统一社会信用代码），如委托他人办理需同时提供经办人有效身份证明］、用电地址的物业权属证明（房屋所有权证或土地使用权证）。

对话场景　定量定比

受理员：您好，请坐，请问您需要办理什么业务？

客户：我家厂房用电，有部分是照明用电，每个月电费全部执行商业太贵了，有没有办法把电价调整一下？

受理员：请您提供一下户号或者户名，我先帮您系统查询一下。

客户：户号是××××。

受理员：好的，经查询通过您提供的户号对应的户名是×××，地址是×××，现用电性质为高压用电。

客户：是的。

受理员：好的，您可以选择办理按不同电价类别的用电设备容量的比例或定量进行分算，分别计价，供电企业每年会对上述比例或定量核定一次。这是“变更用电一次性告知书”，需要您提供房屋产权证明、主体资格证明材料、产权人及经办人身份证授权委托书等资料。

客户：那这个是怎么核定呢？

受理员：在您办理相关手续后，工作人员将联系您进行现场勘查并与您确认具体的核定方案。

客户：好的，那等有空来办理。

受理员：可以的，这是我们的客户联系卡，您有任何需要可以随时联系我们，请问您还有其他业务需要办理吗？

客户：没有了。

受理员：好的，请带好您的随身物品，请慢走！

二、复装

申请所需资料：其他业务申请表、用电主体资格证明［用电人有效身份证明、法人营业执照或非法人组织机构证明文件（统一社会信用代码证），如委托他人办理需同时提供经办人有效身份证明]、用电地址的物业权属证明（房屋所有权证或土地使用权证）。

对话场景 1　暂拆时间未超过 6 个月

受理员：您好，请坐，请问您办理什么业务？

客户：您好，我以前办理过暂拆，现在想要用电怎么办理？

受理员：请您提供户号或者地址，需系统查询一下。

客户：×××××××××××××。

受理员：经查询您是在××××年××月办理的暂拆，至今为止未超过6个月，可办理复装手续恢复用电。这是“暂拆（复装）用电业务办理告知书”，请您收好。请问您是户主本人吗？

客户：是，要用电需要提供什么资料？

受理员：复装需要提供产权人有效身份证明和产权证，经查询您办理暂拆时提供过以上资料，现无须再提供，这是复装申请表请您确认签字。

用电业务办理告知书

暂拆（复装）

尊敬的电力客户：

欢迎您到国网江苏省电力有限公司办理用电业务，请您仔细阅读以下内容。

① 业务办理流程

暂拆流程：业务受理 → 现场勘查 → 拆表 → 结束

复装流程：业务受理 → 现场勘查 → 装表 → 结束

② 业务申请所需资料

业务环节	序号	资料名称	线上		线下	
			类型	是否必备	类型	是否必备
业务受理环节	1	其他业务申请单	电子	是（自然人客户系统自动生成）	纸质	是（系统生成、客户确认）
	2	房屋产权所有人有效身份证明	电子	是	纸质	是
	3	房屋产权证明	电子	是	纸质	是
	4	非居民客户主体证明，包括：法人代表有效身份证明、经加盖单位公章的营业执照（或组织机构代码证，宗教活动场所登记证，社会团体法人登记证书，军队、武警出具的办理用电业务的证明等）	电子	以法人或其他组织名义办理必备	纸质	以法人或其他组织名义办理必备
	5	（1）授权委托书 （2）经办人有效身份证明	电子	委托代理人办理时必备	纸质	委托代理人办理时必备

③ 其他注意事项

1. 低压供电客户因修缮房屋或其它原因需要暂时停止用电并拆表，可申请办理暂拆，供电企业在客户办理手续后5天内执行暂拆。
2. 暂拆时间最长不得超过6个月。暂拆期间，供电企业保留该客户原容量的使用权。
3. 暂拆原因消除，客户要求复装接电时，须向供电企业办理复装接电手续。手续完成后，供电企业在5天内复装接电。
4. 超过暂拆规定时间要求复装接电者，按新装手续办理。
5. 拆表过程中遇有纠纷或阻挠的，供电企业将暂缓拆表，待客户协调解决后再予办理。

客户：好的，请问什么时候能有电？

受理员：手续完成后，供电企业将在5个工作日内复装接电。

客户：好的，谢谢。

受理员：不客气，您也可以下载“网上国网”App，通过线上渠道办理业务，您也可以在App上交电费、查询每天用电量、下载电子发票等，需要给您下载吗？

客户：好的，麻烦你帮我下载，我回去试试。

受理员：已为您下载好，请问还有其他业务需要办理吗？

客户：没有了。

受理员：好的，这是我们的客户联系卡，后期您有任何需要可以随时联系我们。请带好您的随身物品，请慢走！

对话场景2 暂拆时间超过6个月

受理员：您好，请坐，请问您办理什么业务？

客户：您好，我以前办理过暂拆，现在想要用电怎么办理？

受理员：请您提供户号或者地址，需系统查询一下。

客户：××××××××××××。

受理员：经查询您是在××××年××月办理的暂拆，至今为止已超过6个月。根据规定暂拆最长时间不得超过6个月，超过需按销户处理，重新申请用电按新装手续办理。这是“暂拆（复装）用电业务办理告知书”，请您收好。请问您是户主本人吗？

客户：不是。我是×××，可以办吗？

受理员：可以，您需出具一份授权委托书以及经办人身份证明即可。

客户：好的。用电需要提供什么资料？

受理员：销户及居民新装需提供产权人有效身份证明和产权证明，经查询您办理暂拆时提供过以上资料，现无须再提供。

客户：好的。

受理员：这是销户和新装申请表，请您确认签字。请问您需要开通分时电价吗？

客户：开通，好的。

受理员：您也可以下载“网上国网”App，通过线上渠道办理业务，您也可以在App上交电费、查询每天用电量、下载电子发票等，需要给您下载吗？

客户：好的，麻烦你帮我下载，我回去试试。

受理员：已为您下载好，请问还有其他业务需要办理吗？

客户：没有了。

受理员：好的，这是我们的客户联系卡，后期您有任何需要

可以随时联系我们。请带好您的随身物品，请慢走！

三、改类

申请所需资料：“其他业务申请表”、用电主体资格证明［用电人有效身份证明、法人营业执照或非法人组织机构证明文件（统一社会信用代码），如委托他人办理需同时提供经办人有效身份证明］、用电地址的物业权属证明（房屋所有权证或土地使用权证）。

对话场景1　实名制客户申请改电价

受理员：您好，请坐，请问您需要办理什么业务？

客户：我想申请改电价，请问怎么办理？

受理员：请您提供一下户号或者户名，我先帮您系统查询一下。

客户：户号是××××。

受理员：好的，经查询通过您提供的户号对应的户名是×××，地址是×××，现用电性质为××××。

客户：是我的，现在房子楼上住人楼下租给人家经营用的，电费太高了。

受理员：您可以选择办理按不同电价类别的用电设备容量的比例或定量进行分算，分别计价。这是“改类一次性告知书”，需要您提供用电人有效身份证明、用电地址的物业权属证明。

客户：好的。

受理员：请问您还有其他业务需要办理吗？

客户：没有了。

受理员：好的，这是我们的客户联系卡，您有任何需要可以随时联系我们，请带好您的随身物品，请慢走！

对话场景 2　非实名制客户申请改电价

受理员：您好，请坐，请问您需要办理什么业务？

客户：我想申请改电价，请问怎么办理？

受理员：请您提供一下户号或者户名，我先帮您系统查询一下。

客户：户号是××××。

受理员：好的，经查询通过您提供的户号对应的户名是×××，地址是×××，现用电性质为××××。

客户：是的，我之前买的人家房子还没有过户，现在房子租给人家经营的想改电价。

受理员：您需要先办理更名过户业务实名认证后再办理改电价业务，提供物业权属证明、产权人身份证明。

1. 资料齐全：

客户：我正好带来了，办改电价收费吗？

受理员：不收费的，我现在为您办理。

客户：好的。

受理员：您的申请表信息请确认并签字，工作人员将电话联系您进行现场勘查。

2. 资料未带：

客户：我身份证带了，产权证没带能不能办理？

受理员：推荐您下载“网上国网”App，通过线上渠道办理。

客户：那你帮我下载一个。

受理员：已经帮您下载好，您可以通过×××模块办理，后期我们会有工作人员跟您联系。请问您还有其他业务需要办理吗？

客户：没有了。

受理员：好的，这是我们的客户联系卡，您有任何需要可以随时联系我们，请带好您的随身物品，请慢走！

对话场景3　非居民客户加装分表

受理员：您好，请坐，请问您需要办理什么业务？

客户：我想申请改电价，请问怎么办理？

受理员：请您提供一下户号或者户名，我先帮您系统查询一下。

客户：户号是××××。

受理员：好的，经查询通过您提供的户号对应的户名是×××，地址是×××，现用电性质为××××。

客户：是的，我是两个门面共用一个户，分别租给两家，现在想增加一块电能表。

受理员：您是想咨询加装分表业务吗？这是“改类用电业务

办理告知书”，需要您提供物业权属证明、产权人身份证明、授权委托书及被委托人身份证明等资料。

客户：好的。

受理员：请问您还有其他业务需要办理吗？

客户：没有了。

受理员：好的，这是我们的客户联系卡，您有任何需要可以随时联系我们，请带好您的随身物品，请慢走！

四、改压

申请所需资料：“其他业务申请表”、用电主体资格证明［用电人有效身份证明、法人营业执照或非法人组织机构证明文件（统一社会信用代码），如委托他人办理需同时提供经办人有效身份证明］、用电地址的物业权属证明（房屋所有权证或土地使用权证）。

对话场景　用电改压

受理员：您好，请坐，请问您需要办理什么业务？

客户：我们原来是接20千伏××线路，现在要改接到10千伏××线路上，要怎么办理？

受理员：您需要办理改压业务，提供主体资格证明材料、委托他人办理的需授权委托书及被委托人身份证明。

客户：好的，需要办理多久啊？

受理员：我们会尽快为您安排现场勘查，全流程时限无法确定，因为施工的时间主要取决于您现场的进度，供电公司无法干预。

客户：收费吗？

受理员：收费具体取决于您的供电方案，需要工作人员进行现场勘查后答复您。

客户：好的。

受理员：这是我们的客户联系卡，您有任何需要可以随时联系我们，请问您还有其他业务需要办理吗？

客户：没有了。

受理员：好的，请带好您的随身物品，请慢走！

五、更名

申请所需资料：个人客户申请所需资料有更名过户申请表、客户身份证明（包括：身份证、军人证、护照、户口簿或公安机关户籍证明等）、经办人身份证明及授权委托书。企业客户申请所需资料有更名过户申请表、新客户主体资格证明、客户名称变更证明资料、经办人身份证明及授权委托书。

对话场景1　居民/非居民个人客户

受理员：您好，请坐，请问需要办理什么业务？

客户：你好，我想办理更名。

受理员：好的。请问您需要办理更名的户名或者户号是什么？我先帮您查询一下。

客户：我的户号是×××/我的户名是×××。

受理员：好的，请稍等。您的户名是×××，地址是×××对吗？

客户：是的。

受理员：好的。因为是您本人姓名变更，所以需要提供您的身份证以及名称变更证明材料，就是户籍证明。

客户：好的。（出示资料）

受理员：好的，请您填写更名过户申请表。

客户：好了。

受理员：好的，已经帮您办理好了。请问还有其他业务需要办理吗？

客户：没有了。

受理员：好的，请带好您的随身物品，请慢走！

对话场景2　企业客户符合更名条件

受理员：您好，请坐，请问您需要办理什么业务？

客户：你好，我单位名称变更了，需要办理什么业务？

受理员：单位名称变更需要办理更名业务。请问您单位原先名称是什么？我先帮您查询一下。

国网××某供电公司

更名过户申请表

申请编号：________________号

用户编号：________________号

客户填写栏	一、客户资料						
	新　户　名		原　户　名				
	用电地址						
	新户信息						
	行　政　区		行业分类				
	经办人		经办人电话				
	二、新户联系信息						
	法人联系人		移动电话		固定电话		短信联系人（勾选一位）
	账务联系人		移动电话		固定电话		
	电气联系人（限高压客户）		移动电话		固定电话		
	三、新户电费发票开票信息						
	电费开票类型	□需开具增值税普通发票　□需开具增值税专用发票					
	开票名称		纳税人识别号				
	开户银行		银行账号				
	法定地址		电话				
客户申明栏	四、客户申明						
	更名	根据双方商议一致，即日起用电客户同意将其在上述用电地址的原用电户名变更为新用电户名。更名后将以新用电户名承接相应的用电权利和义务。在此，双方就更名事宜提出申请，请供电部门予以办理。本申请表中的信息和提供的相关文件资料真实有效，阅读并接受《客户须知》各项条款，谨此申明。 新用电客户：（签章）　原用电客户：（签章） 经 办 人： 申请日期：　年　月　日					
	过户	即日起将上述用电地址的用电权过户给新用电客户，过户后由新用电客户承接相应的用电权利和义务。在此，新用电客户凭相关证件提出申请，请供电部门予以办理。本申请表中的信息和提供的相关文件资料真实有效，阅读并接受《客户须知》各项条款，谨此申明。 新用电客户：（签章）　原用电客户：（签章） 经 办 人： 申请日期：　年　月　日					
供电公司填写栏	五、受理登记						
	受理日期：　年　月　日　受理人：						

居民过户涉及的重要事项确认：

1. 是否开通分时
   □ 保留原分时　□未开通，需开通　□未开通，暂不开通
2. 阶梯电费是否清算
   □不清算
   □需清算
3. 费控
   □新建费控　□取消费控　□保留费控　□无费控
4. 阶梯电价政策
   □家庭五人基数办理已告知　□低保五保户免费基数办理已告知
5. 其他
   □有电费预收余额　□无电费预收余额

客户签字：

用电业务办理告知书

更 名

尊敬的电力客户：

欢迎您到国网江苏省电力有限公司办理用电业务，请您仔细阅读以下内容。

① 业务办理流程

业务受理 → 合同签订 → 档案归档

② 业务申请所需资料

业务环节	序号	资料名称	线上		线下	
			类型	是否必备	类型	是否必备
业务受理环节	1	更名过户申请表	电子	是（低压居民客户系统自动生成）	纸质	是（系统生成、客户确认）
	2	居民客户：有效身份证明 非居民客户：新户营业执照（副本）原件；新户组织机构代码证（副本）原件	电子	是	纸质	是
	3	客户名称变更证明资料（工商变更登记或者户籍证明等）	电子	3与4必备一样	纸质	3与4必备一样
	4	产权证明（复印件）或其他证明文书	电子	3与4必备一样	纸质	3与4必备一样
	5	（1）授权委托书； （2）经办人有效身份证明	电子	委托代理人办理时必备	纸质	委托代理人办理时必备

③ 其他注意事项

1. 在用电地址、用电容量、用电类别不变条件下，可办理更名。
2. 更名针对同一法人及自然人的名称的变更，需要用电人与供电人双方确认。
3. 居民客户更名业务在正式受理且费用结清后，应在5个工作日内办理完毕。

客户：我单位名称是×××。

受理员：好的，请稍等。您的户名是×××，地址是×××对吗？

客户：是的。

受理员：好的。因为您是企业用户，需要您提供一下新用户主体资格证明，即营业执照、法人代表身份证、名称变更核准通知书。

客户：好的。我不是法人，可以代办吗？

受理员：可以的，还需提供一份法人授权委托书以及经办人身份证。

客户：好的。（出示资料）

受理员：好的，请您填写一下这份申请表。

客户：好了。

受理员：好的，已经帮您办理好了。请问还有其他业务需要办理吗？

客户：没有了。

受理员：好的，请带好您的随身物品，请慢走！

对话场景3　企业客户不符合更名条件

受理员：您好，请坐，请问您需要办理什么业务？

客户：你好，我单位租赁了一个单位厂房，要把名称变更成我们单位，是办理更名业务吗？

受理员：您好，更名一般只针对同一法人及自然人的名称变更，像您单位这种情况可以办理增值税信息变更，可以将电费发票开成您单位名称。

客户：好的，那我需要提供什么资料呢？

受理员：您需要提供企业主体证明、双方租赁协议、您单位的开票资料以及签订这份三方协议。

客户：好的，需要法人本人来办理吗?

受理员：不需要，经办人办理的话只需再提供法人授权委托书、法人代表身份证明以及经办人身份证即可。

客户：好的，谢谢。那我回去准备资料。

受理员：好的。请问还有其他业务需要办理吗?

客户：没有了。

受理员：好的，请带好您的随身物品，请慢走!

六、过户

申请所需资料：居民客户申请所需资料包括：更名过户申请表、房屋产权证明、房屋产权人身份证明。企业客户申请所需资料包括：更名过户申请表、房屋产权证明、新老客户主体资格证明、经加盖单位公章的营业执照或组织机构代码证、宗教活动场所登记证、社会团体法人登记证书、军队/武警出具的办理用电业务的证明等；过户后的新客户为高耗能行业的，还需提供新户的环评批复、土地使用证明（或土地预审批文）、政府投资主管部门批复文件、节能评估报告；委托代理人办理时需提供经办人身份证明及授权委托书。

对话场景1　居民客户

（1）资料齐全。

1）未超阶梯且无须进行营业厅结算。

受理员：您好，请坐，请问您需要办理什么业务?

客户：你好，我买了一套房子，想办理过户，请问怎么办理？

受理员：好的，办理过户申请时需要提供房屋产权证明和产权人身份证，请问这些资料都带了吗？

客户：带了，在这里。

受理员：好的，这是申请单，请您稍等，我先帮您查询一下。请问原户主是×××，地址在×××吗？

客户：是的。

受理员：好的，经过查询，原户主这几个月的用电量未超过这几个月的阶梯用电一档基数，且峰谷分时用电是已经开通的，请问您需要保留吗？（峰谷分时用电还没有开通，请问您需要开通吗？）

客户：好的，峰谷分时用电保留（开通/不开通）。

受理员：好的，请您在申请单背面标注一下。居民用户我们是两个月一次抄表缴纳电费，刚经查询，原户主从最后一次缴纳电费截至昨天24时，表计上又有了×××千瓦时电量，请问这个电量需要帮您结算吗？

客户：不需要，我们自己交接过了，由我下次缴费一起交。

受理员：好的，请您将过户申请单填写一下。

客户：好了。

受理员：好的，请稍等，现在为您发起过户流程以及制作新的缴费卡。现在过户流程已经完结，这是新的缴费卡，请核对一下户名地址！

客户：好的，没有问题。

受理员：请问还有其他业务需要办理吗？

客户：没有了。

受理员：好的，请带好您的随身物品，请慢走！

2）未超阶梯但需进行营业厅结算。

受理员：您好，请坐，请问您需要办理什么业务？

客户：你好，我买了一套房子，想办理过户，请问怎么办理？

受理员：好的，办理过户申请时需要提供房屋产权证明和产权人身份证，请问这些资料都带了吗？

客户：带了，在这里。

受理员：好的，这是申请单，请您稍等，我先帮您查询一下。请问原户主是×××，地址在×××吗？

客户：是的。

受理员：好的，经过查询，原户主这几个月的用电量未超过这几个月的阶梯用电一档基数，且峰谷分时用电是已经开通的，请问您需要保留吗？（峰谷分时用电还没有开通，请问您需要开通吗？）

用电业务办理告知书

过户

尊敬的电力客户：

欢迎您到国网江苏省电力有限公司办理用电业务，请您仔细阅读以下内容。

① 业务办理流程

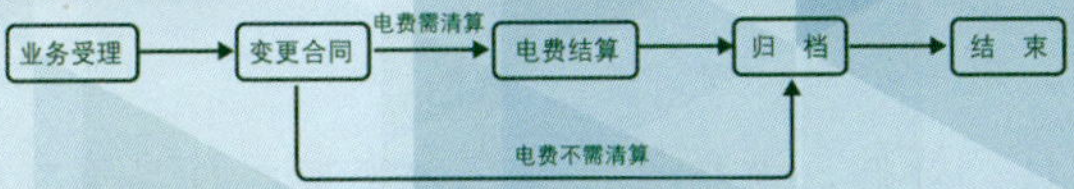

② 业务申请所需资料

业务环节	序号	资料名称	线上		线下	
			类型	是否必备	类型	是否必备
业务受理环节	1	更名过户申请表	电子	是（自然人客户系统自动生成）	纸质	是（系统生成、客户确认）
	2	房屋产权所有人有效身份证明	电子	是	纸质	是
	3	产权证明（复印件）或其它证明文书	电子	是	纸质	是
	4	客户主体证明，包括：办理人有效身份证明、经加盖单位公章的营业执照（或组织机构代码证，宗教活动场所登记证，社会团体法人登记证书，军队、武警出具的办理用电业务的证明等）、授权委托书（委托代理人办理时必备）	电子	以法人或其他组织名义办理必备	纸质	以法人或其他组织名义办理必备
	5	非居民原户主提供客户主体证明	电子	否	纸质	否

③ 其他注意事项

1. 在用电地址、用电容量、用电类别不变条件下，可办理过户。
2. 过户是供用电合同主体发生实质变化，需供电方、原用电方、新用电方三者达成一致方可办理。原客户应与供电企业结清债务。
3. 居民客户过户业务在正式受理且费用结清后，应在5个工作日内办理完毕。
4. 涉及电价优惠的客户（如居民阶梯电价基数优惠、低保、五保户免费用电量等），过户后需重新认定。
5. 原客户为增值税客户的，过户时必须办理增值税信息变更业务。
6. 原客户通过第三方代扣电费的，请原客户自行到委托代扣方办理撤销代扣关系的手续，以免过户后发生电费错扣的情况。
7. 居民过户后，新户主应根据需要选择开通或停用峰谷分时电价。
8. 客户应保证提交的过户资料真实有效，若因资料不实、内部纠纷等客户方面原因导致原户名提出异议的，供电企业将恢复原户名，待客户协调解决后再予办理。

客户：好的，峰谷分时用电保留（开通/不开通）。

受理员：好的，那请您在申请单背面标注一下。居民用户我们是两个月一次抄表缴纳电费，刚经查询，原户主从最后一次缴纳电费截至昨天24时表计上又有了×××千瓦时电量，请问这个电量需要帮您结算发行吗？

客户：需要，我需要票据和原户主交接。

受理员：好的，请您将过户申请单填写一下。

客户：好了。

受理员：好的，请稍等，现在为您发起过户流程以及制作新的缴费卡。

客户：好的。

受理员：您好，让您久等了。这段时间的电费结算出来了，共计×××元，麻烦您缴纳一下。

客户：好的。

受理员：这是新的缴费卡，请核对一下户名地址！

客户：好的，没有问题。

受理员：请问还有其他业务需要办理吗？

客户：没有了。

受理员：好的，请带好您的随身物品，请慢走！

3）超阶梯。

受理员：您好，请坐，请问您需要办理什么业务？

客户：你好，我买了一套房子，想办理过户，请问怎么办理？

受理员：好的，办理过户申请时需要提供房屋产权证明和产权人身份证，请问这些资料都带了吗？

客户：带了，在这里。

受理员：好的，这是申请单，请您稍等，我先帮您查询一下。请问原户主是×××，地址在×××吗？

客户：是的。

受理员：好的，经过查询，原户主这几个月的用电量比较大，已经超过了这几个月的阶梯用电的一档基数，请问您需要清算吗？

客户：什么是阶梯用电？

受理员：好的，这边和您解释一下。阶梯用电是针对居民用户的一种电价政策，将全年用电量分为三挡。一挡为 0～230 千瓦时/月，二挡 231～480 千瓦时/月，三挡为 480 千瓦时以上；一挡内电价不变，二挡每千瓦时电加 0.05 元，三挡每千瓦时电加 0.3 元。我们是以年为单位，一年内什么时候超过阶梯电量什么时候涨价。原户主这几个月已经用了×××千瓦时，超过了这几个月的一挡基数，如果不清算会让您后几个月的一挡电量减少。如果选择清算会将原户主的电量进行抄表发行，原户主将电费结清，后几个月我们会重新给您新的阶梯电量。

客户：好的，我需要清算。

受理员：好的，请您将过户申请单填写一下。

客户：好了。

受理员：好的，请稍等，我现在为您发起过户流程以及制作新的缴费卡。

客户：好的。

受理员：您好，让您久等了，非常感谢您的耐心等待。清算的电费已经发行出来了，一共×××元。

客户：好了。

受理员：好的。现在过户流程已经完结，这是新的缴费卡，请核对一下户名地址！

客户：好的，没有问题。

受理员：请问还有其他业务需要办理吗？

客户：没有了。

受理员：好的，请带好您的随身物品，请慢走！

（2）资料未携带。

受理员：您好，请坐，请问您需要办理什么业务？

客户：你好，我买了一套房子，想办理过户，请问怎么办理？

受理员：好的，我们办理过户申请的时候需要您提供房屋产权证明和产权人身份证，请问这些资料都带了吗？

客户：不好意思，我没有带。

受理员：好的，没有关系的。我们现在推出了“网上国网”App，您可以下载注册完成实名制后绑定您需要过户的户号，线上就可以办理。

客户：我不会下载办理怎么办理？

受理员：好的，那麻烦您留下您的家庭住址和联系电话，后期我们会联系工作人员和您预约上门服务时间，让您只跑一次，请问您的家庭住址和联系电话具体是？

客户：我家的地址在×××，我的电话是×××。

受理员：好的，请您保持电话畅通，我们的工作人员会及时为您上门服务，这是“过户用电业务办理告知书”，需要您提供的材料我们都有备注，请您收好。

客户：好的，谢谢。

受理员：不客气，这是我们的客户联系卡，后期您有任何需要可以随时联系我们，请问您还有其他业务需要办理吗？

客户：没有了。

受理员：好的，请带好您的随身物品，请慢走！

（3）无房产证。

受理员：您好，请坐，请问您需要办理什么业务？

客户：你好，我买了一套房子，想办理过户，请问怎么办理？

受理员：好的，我们办理过户申请的时候需要您提供房屋产权证明和产权人身份证，请问这些资料都带了吗？

客户：我这个房子是老房子，没有房产证怎么办理？

受理员：好的，没有关系的。那如果您没有房产证的话，您也可以让当地居委会、村委会出具证明盖上公章也是可以的。

客户：好的，那我回去再看一下吧！

受理员：请问您还有其他业务需要办理吗？

客户：没有了。

受理员：好的，请带好您的随身物品，请慢走！

（4）拆迁安置房。

受理员：您好，请坐，请问您需要办理什么业务？

客户：你好，我买了一套房子，想办理过户，请问怎么办理？

受理员：好的，我们办理过户申请的时候需要您提供房屋产权证明和产权人身份证，请问这些资料都带了吗？

客户：我这个房子是买的别人的拆迁安置房，房产证还没有能办到呢！

受理员：好的，那这种情况的话需要您提供双方签订的有效的买卖合同，双方的身份证以及申请单上需要双方签字，我们需要供电方、原用电客户、新用电客户三者达成一致才可以过户。

客户：好的，我们一起来的，资料的这里。

受理员：好的，请稍等，我先帮您查询一下。

（和客户核对户名、地址、峰谷分时用电、阶梯用电等情况）。

受理员：您好，让您久等了，非常感谢您的耐心等待。这是您的缴费卡（双手递交）。麻烦您核对一下姓名地址。

客户：好的，没有问题。

受理员：请问您还有其他业务需要办理吗？

客户：没有了。

受理员：好的，请带好您的随身物品，请慢走！

对话场景2　非居民客户

（1）资料齐全且新老户主交接过电量。

受理员：您好，请坐，请问您需要办理什么业务？

客户：你好，我买了一个门面房，想办理过户，请问怎么办理？

受理员：好的，我们办理过户申请的时候需要您提供房屋产权证明和产权人身份证，请问这些资料都带了吗？

客户：带了，在这里。

受理员：好的，这是申请单，请您稍等，我先帮您查询一下。请问原户主是×××，地址在×××吗？

客户：是的。

受理员：好的。因为非居民客户是每月抄表，本月缴纳的电费是上个月的用电量。**（如未交上个月的用电量，需要提醒用户结清电费才能办理过户）**，请问本月1号至今日的用电量和原户主交接了吗？

客户：交接过了。

受理员：好的，请您将“过户业务申请表”填写一下。

客户：填好了。

受理员：好的，申请已经帮您受理完毕。过户后需要重新签订“低压非居民用电合同”，会有工作人员和您联系现场签订并将新的缴费卡带给您，不需要您再次来营业厅！

客户：好的，谢谢！

受理员：不用谢！请问还有其他业务需要办理吗？

客户：没有了。

受理员：好的，请带好您的随身物品，请慢走！

(2) 新老户主未交接电量。

受理员：您好，请坐，请问您需要办理什么业务？

客户：你好，我买了一个门面房，想办理过户，请问怎么办理？

受理员：好的，我们办理过户申请的时候需要您提供房屋产权证明和产权人身份证，请问这些资料都带了吗？

客户：带了，在这里。

受理员：好的，这是申请单，请您稍等，我先帮您查询一下。请问原户主是×××，地址在×××吗？

客户：是的。

受理员：好的。因为非居民客户是每月抄表，本月缴纳的电费是上个月的用电（**如未交需提醒用户结清电费才能办理过户**），本月1号至今日的电量和原户主交接了吗？

客户：没有交接过。

受理员：好的，因为我们营业厅电费结算目前只针对居民用户，非居民用户暂时无法结算，我这边可以查询到截止至昨天夜里的电能表示数，麻烦您这边和原户主自行交接一下可以吗？

客户：好的。

受理员：好的，截至昨天电能表示数为×××千瓦时，上次缴费截至示数是×××，非居民照明电价是×××。

客户：好的，谢谢！那我们自己交接电费，这边先办理过户。

受理员：好的，请您将过户申请单填写一下。

客户：填好了。

受理员：好的，申请已经帮您受理完毕。办理过户业务后低压非居民供用电合同需要签订，会有工作人员和您联系现场签订并将新的缴费卡带给您，不需要您再次来营业厅！

客户：好的，谢谢！

受理员：不用谢！请问还有其他业务需要办理吗？

客户：没有了。

受理员：好的，请带好您的随身物品，请慢走！

（3）资料不全。

受理员：您好，请坐，请问您需要办理什么业务？

客户：你好，我买了一个门面房，请来咨询一下办理过户需要提供什么资料？

受理员：好的，我们办理过户申请的时候需要您提供房屋产权证明和产权人身份证，请问这些资料都带了吗？

客户：哦，我没有带。

受理员：好的，没有关系的。我们现在推出了“网上国网”App，您可以下载注册完成实名制后绑定您需要过户的户号，线上就可以办理。

客户：我不会下载办理怎么办理？

受理员：好的，麻烦您留下您的家庭住址和联系电话，后期我们会联系工作人员和您预约上门服务时间，让您只跑一次，请问您的家庭住址和联系电话具体是？

客户：我家的地址在×××，我的电话是×××。

受理员：好的，请您保持电话畅通，我们的工作人员会及时为您上门服务，这是“过户业务办理告知书”，需要提供的材料我们都有备注，请您收好。

客户：好的，谢谢！

受理员：不客气，这是我们的客户联系卡，后期您有任何需要可以随时联系我们，请问您还有其他业务需要办理吗？

客户：没有了。

受理员：好的，请带好您的随身物品，请慢走！

对话场景3　企业客户

（1）资料齐全非市场化电力用户。

受理员：您好，请坐，请问您需要办理什么业务？

客户：你好，我单位买了一家厂房，想把电费户名过户，请问需要办理什么手续？

受理员：好的，请问原来单位名字是什么？我先帮您查询一下。

客户：单位是×××。

受理员：好的。经查询，该用户为高压用户，有×××台变压器，容量共计×××千伏安，电费余额为×××元，电费方面您和原单位交接了吗？

客户：我们自己交接。

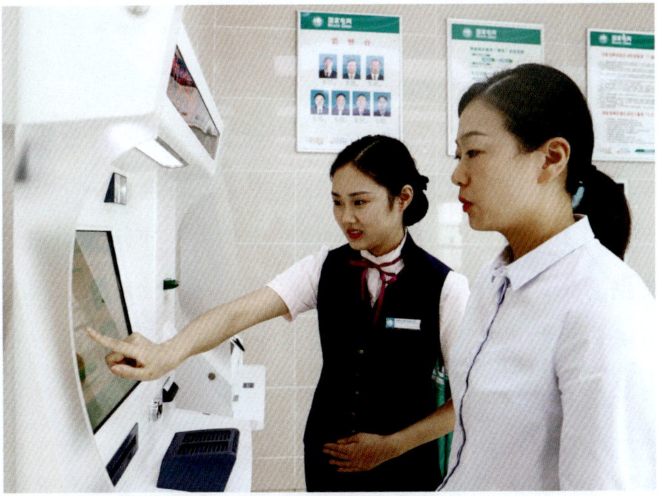

受理员：好的，这是“过户申请单”，需要盖章，还需提供新老客户主体资格证明、加盖公章的单位营业执照或者组织机构代码证、土地证明文件；如果是委托人办理，还需提供授权委托书和经办人身份证明。

客户：好的，填好了（递交申请单和资料）！

受理员：好的，这边业务已经受理，后期会有工作人员和您联系签订供用电合同等事宜，请您保持手机畅通。请问还有其他业务需要办理吗？

客户：没有了。

受理员：好的，请带好您的随身物品，请慢走！

（2）资料齐全为市场化电力用户。

受理员：您好，请坐，请问您需要办理什么业务？

客户：你好，我单位买了一家厂房，想把电费户名过户，请问需要办理什么手续？

受理员：好的，请问原来单位名字是什么？我先帮您查询一下。

客户：单位是×××。

受理员：好的。经查询，该用户为高压用户且为市场化用户，如果您确定办理过户的话需要和售电公司确认一下。因为从2021年1月1日交易中心开始执行一项政策：市场化用户过户后户号发生变化，即原用户户号注销、新用户户号新立，因为涉及的新旧主体无共用信息即户号，交易中心不再受理新用户的注册及绑定业务。

客户：好的，我回去确认一下。

受理员：好的，这边是过户申请单，需要盖章，这是“过户业务办理告知书”，需要您提供的材料我们都有备注，请您收好！

客户：好的，谢谢！

受理员：请问还有其他业务需要办理吗？

客户：没有了。

受理员：好的，请带好您的随身物品，请慢走！

七、减容

申请所需资料：“暂停（减容）用电申请表”、客户主体资格证明、经加盖单位公章的营业执照或组织机构代码证、宗教活动所登记证、社会团体法人登记证书、军队/武警出具的办理用电业务的证明等，委托代理人办理时需经办人身份证明及授权委托书。

对话场景1 非永久性减容

受理员：您好，请坐，请问您需要办理什么业务？

客户：你好，我们单位最近生产量不大，变压器容量可能达不到，每个月都要多交基本电费，是不是有个减容业务可以减少基本电费的？

受理员：您好，是的。请问是哪个单位呢？我先帮您查询一下！

客户：好的，单位是×××。

受理员：好的，请稍等。

受理员：您好，让您久等了！经过查询，您单位名下共一台变压器，容量为×××，是按容量计收基本电费的。您单位现在大概需要多大负荷呢？

客户：大概只需要×××千瓦。

受理员：那这样的话有两种方式可以选择，第一种是非永久性减容，就是将变压器临时减容至315千伏安以下，这样总运行容量达不到315千伏安的话就执行单一制电价，不再收取基本电费，但是减容必须是整台或整组变压器的停止或更换小容量变压器用电，所以需要找有资质的施工单位进行施工然后报验，并且非永久性减容的最短时间是不得少于6个月，最长期限不得超过2年，从验收送电之日开始起算。但是减容不满6个月的，减容期间不减收基本电费。第二种是变更基本电费计费方式，原先是按容量计收基本电费的，单价是30元/千伏安，变更后可以按客户每月实际最大需量计收基本电费，单价是40元/千瓦，现场不需要变换变压器，时间是变更后必须执行满3个月，次月生效。您可以自行选择。

客户：嗯，好的，我们办理非永久性减容。需要提供哪些资料呢？

受理员：好的，非永久性减容需要提前5个工作日办理。这边有个“暂停/减容用电申请表”，麻烦您填写一下！

用电业务办理告知书

减容（减容恢复）

尊敬的电力客户：

欢迎您到国网江苏省电力有限公司办理用电业务，请您仔细阅读以下内容。

① 业务办理流程

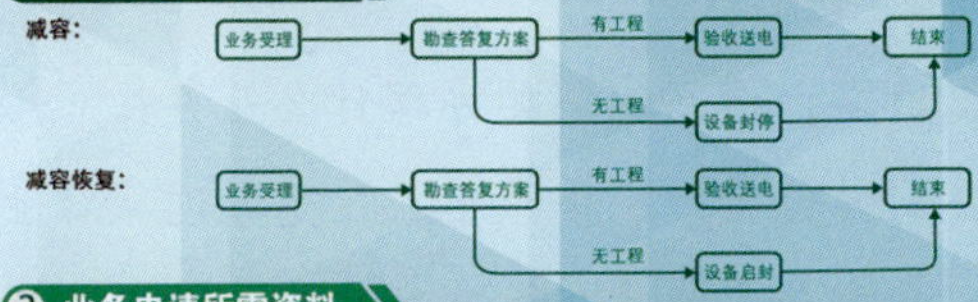

② 业务申请所需资料

业务环节	序号	资料名称	线上		线下	
			类型	是否必备	类型	是否必备
业务受理环节	1	暂停（减容）用电申请表 其他业务申请单	电子	是 （系统自动）	纸质	是 （系统生成、客户确认）
	2	客户主体证明，包括：办理人有效身份证明、经加盖单位公章的营业执照（或组织机构代码证，宗教活动场所登记证，社会团体法人登记证书，军队、武警出具的办理用电业务的证明等）、授权委托书（委托代理人办理时必备）	电子	若系统内存在且在有效期内时非必备	纸质	若系统内存在且在有效期内时非必备

③ 其他注意事项

1. 申请减容或减容恢复，应至少提前5个工作日办理相关手续。减容必须是整台或整组变压器的停止或更换小容量变压器用电。
2. 供电企业在客户申请的减容或减容恢复日期当日至现场实施设备加封、拆除、调换或启封，如客户要求延期办理，需重新至供电企业办理申请。从加封、拆除或调换之日起，减容部分免收基本电费。
3. 减容分为永久性减容和非永久性减容。非永久性减容在减容期限内，供电企业保留客户减少容量的使用权。减容2年内恢复的，按减容恢复办理，超过2年的按新装或增容手续办理。
4. 非永久性减容最短期限不得少于6个月，最长期限不得超过2年，但同一日历年内暂停满6个月申请办理减容的客户减容期限不受最短期限限制。减容不满6个月的（不含同一日历年内暂停满6个月申请办理减容的情况），减容期间不减收基本电费。
5. 减容后容量达不到实施两部制电价规定容量标准的，应改为相应用电类别单一制电价计费，并执行相应的分类电价标准。减容恢复后容量达到实施两部制电价规定容量标准的，应恢复执行两部制电价，并执行相应的分类电价标准。
6. 选择最大需量计费方式的客户，申请减容或减容恢复期限应以日历月为基本单位，起止时间应与整日历月一致。减容后执行最大需量计费方式的，合同最大需量按照减容后总容量申报。合同最大需量值在下一个日历月生效。
7. 在封停或启封设备过程中遇有纠纷或阻挠的，供电企业将暂缓执行，待客户协调解决后再予办理。

客户：好的。（用户填写盖章）

受理员：好的，已经帮您办理好。后期会有大客户经理与您联系。请问您还有其他业务需要办理吗？

客户：没有了。

受理员：好的，请带好您的随身物品，请慢走！

对话场景 2　永久性减容

受理员：您好，请坐，请问您需要办理什么业务？

客户：你好，我们单位生产规模减小了，想办理减容业务。

受理员：您好，减容分为非永久性减容和永久性减容，非永久性减容在减容期限内供电企业保留客户减少容量的使用权，到期或者满 6 个月后可以恢复减少的容量；永久性减容后再需要恢复容量只能办理高压增容。请问您需要办理哪种？

客户：我们办理永久性减容。

受理员：好的，永久性减容需要提前 5 个工作日办理。这边有个“暂停/减容用电申请表”，麻烦您填写一下！

客户：好的。（用户填写盖章）

受理员：好的，已经帮您办理好。后期会有工作人员和您联系进行现场勘查。请问您还有其他业务需要办理吗？

客户：没有了。

受理员：好的，请带好您的随身物品，请慢走！

八、减容恢复

申请所需资料：“其他业务申请表”、客户主体资格证明、经加盖单位公章的营业执照或组织机构代码证、宗教活动所登记证、社会团体法人登记证书、军队/武警出具的办理用电业务的证明等，委托代理人办理时需经办人身份证明及授权委托书。

对话场景1 减容时间满6个月

受理员：您好，请坐，请问您需要办理什么业务？

客户：你好，我们单位之前办理了非永久性减容，现在容量不够了，需要恢复。

受理员：好的，请问单位名称是什么？我先帮您查询一下。

客户：好的，单位名称是×××。

受理员：好的，请稍等。不好意思让您久等了！刚经过查询，您单位办理的非永久性减容已经满6个月，减容期间不收取基本电费；减容恢复需提前5个工作日申请；变压器停用超过6个月后恢复时受电设备需找有资质的施工单位试验，客户经理现场进行验收，验收合格后方能送电。这是“其他业务申请表”，麻烦您填写一下。

客户：好的。(用户填写盖章)

受理员：好的，业务已经受理，后期会有工作人员与您联系进行现场勘查。请问您还有其他业务需要办理吗？

客户：没有了。

受理员：好的，请带好您的随身物品，请慢走！

对话场景2　减容时间不满6个月

受理员：您好，请坐，请问您需要办理什么业务？

客户：你好，我们单位之前办理了非永久性减容，现在容量不够了，需要恢复。

受理员：好的，请问单位名称是什么？我帮您查询一下。

客户：好的，单位名称是×××。

受理员：好的，请稍等。

受理员：不好意思让您久等了！刚经过查询，您单位办理的非永久性减容未满6个月，减容不满6个月的，减容期间是不减收基本电费的，之前办理减容时应该已经进行过告知。请问您还是需要现在就办理减容恢复吗？

客户：是的，现在需要用电。

受理员：好的，这是申请单，麻烦您填写一下。

客户：好的。(用户填写盖章)

受理员：好的，业务已经受理，后期会有工作人员与您联系进行现场勘查。请问您还有其他业务需要办理吗？

客户：没有了。

受理员：好的，请带好您的随身物品，请慢走！

九、销户

申请所需资料：个人客户申请所需资料包括："销户申请表"，房屋产权人身份证明（包括身份证、军人证、护照、户口簿或公安机关户籍证明等），房屋产权证，经办人身份证明及授权委托书。企业客户申请所需资料包括："销户申请表"，客户主体资格证明（包括经加盖单位公章的营业执照或组织机构代码证、宗教活动场所登记证、社会团体法人登记证书、军队/武警出具的办理用电业务的证明等），经办人身份证明及授权委托书。批量销户申请所需资料包括："销户申请表"，经办人身份证明及授权委托书，拆迁许可证或政府相关拆迁证明，拆迁清单（含每户户号、电能表号、户名、地址）。

对话场景1　居民/非居民个人客户

受理员：您好，请坐，请问您需要办理什么业务？

国网××某供电公司

销 户 申 请 表

申请编号：________________号

用户编号：________________号

<table>
<tr><td rowspan="8">客户填写栏</td><td colspan="4">一、客户资料</td></tr>
<tr><td>户 名</td><td colspan="3"></td></tr>
<tr><td>用电地址</td><td colspan="3"></td></tr>
<tr><td>经 办 人</td><td></td><td>经办人电话</td><td></td></tr>
<tr><td>法人联系人</td><td></td><td>联系电话</td><td></td></tr>
<tr><td>联系地址</td><td colspan="3"></td></tr>
<tr><td colspan="4">二、申请内容</td></tr>
<tr><td>拆表销户原因</td><td colspan="3"></td></tr>
<tr><td rowspan="2">告知栏</td><td colspan="4">三、客户须知</td></tr>
<tr><td colspan="4">1. 销户必须停止全部用电容量的使用。申请销户前，应保证现场确实已无需用电，销户过程中遇有纠纷或阻挠的，供电企业将暂缓销户，待客户协调解决后再予以办理。
2. 客户应在销户前与供电企业结清电费(含电费违约金)和业务费用。销户过程中发现现场存在计量装置故障、违约用电、窃电等异常情况的，需按相应流程处理结束后方可销户。
3. 客户完成拆表销户并交清所有电费后，若仍有电费余额的，凭用电主体资格证明等资料办理退费手续。
4. 24小时供电服务热线：95598；网上国网App；全国能源监管投诉举报热线：12398。</td></tr>
<tr><td rowspan="2">客户申明栏</td><td colspan="4">四、客户申明</td></tr>
<tr><td colspan="4">经慎重考虑，现就用电户注销事宜提出申请，请供电部门予以办理。
本申请表中的信息和提供的相关文件资料真实有效，阅读并接受《客户须知》各项条款，谨此确认。
用电客户：
（签章） 经办人：
申请日期： 年 月 日</td></tr>
<tr><td rowspan="2">供电公司填写栏</td><td colspan="4">五、受理登记</td></tr>
<tr><td colspan="4">受理日期： 年 月 日 受理人：</td></tr>
</table>

客户：你好，我想销户，请问需要提供什么手续？

受理员：好的，居民用户申请销户需提供房屋产权证、房屋产权人身份证明。销户必须是全部用电容量的停止使用，所以现场是确实不需要用电了吗？

客户：是的，这是资料。

受理员：好的，请稍等，我先帮您查询一下。

受理员：您好，让您久等了。经过查询，户号是×××，户名是×××，地址是×××，对吗？

客户：是的。

受理员：好的，这是销户申请单，请填写一下。

客户：好了。

受理员：好的，现在已经帮您受理完毕，后期会有工作人员进行现场勘查、拆电能表等流程，如销户过程中遇有纠纷或者阻挠的，供电企业将暂缓销户，等现场协调解决后再进行办理。

客户：好的。

受理员：好的。请问您还有其他业务需要办理吗？

客户：没有了。

受理员：好的，请带好您的随身物品，请慢走！

注意：销户时应查明是否欠费或者有电费暂存款。如有欠费，提醒用户先进行缴纳；如有暂存款，告知用户在完成拆电能表销户并结清所有电费后，仍有暂存款额的凭户主主体资格证明等资料办理退费手续。

对话场景 2　企业客户

受理员：您好，请坐，请问您需要办理什么业务？

用电业务办理告知书

销户

尊敬的电力客户：

欢迎您到国网江苏省电力有限公司办理用电业务，请您仔细阅读以下内容。

① 业务办理流程

业务受理 → 现场勘查 → 停电拆表 → 结清费用 → 结　束

② 业务申请所需资料

业务环节	序号	资料名称	线上		线下	
			类型	是否必备	类型	是否必备
业务受理环节	1	销户申请表	/	/	纸质	是（系统生成、客户确认）
	2	户主有效身份证明	/	/	纸质	居民客户必备
	3	（1）法人身份证原件 （2）营业执照原件	/	/	纸质	非居民和高压客户必备
	4	（1）授权委托书 （2）经办人有效身份证明	/	/	纸质	委托代理人办理时必备
	5	拆迁许可证或政府相关拆迁证明	/	/	纸质	批量销户必备
	6	拆迁清单（含每户户号、表号、户名、地址）	/	/	纸质	批量销户必备

③ 其他注意事项

1. 客户申请销户前，应保证现场确实已不需用电，拆表过程中遇有纠纷或阻挠的，供电企业将暂缓拆表销户，待客户协调解决后再予办理。
2. 供电企业在受理客户销户业务申请后5个工作日内完成现场勘查。
3. 销户过程中发现现场存在计量装置故障、违约用电、窃电等异常情况的，需按相应流程处理结束后方可销户。
4. 客户完成拆表销户并交清所有电费后，若仍有电费余额的，凭用电主体资格证明等资料办理退费手续。

客户：你好，我单位需要销户，请问需要提供什么手续？

受理员：好的，企业用户申请销户需提供客户主体资格证明，如法人代表身份证、加盖单位公章的营业执照或者组织机构代码证，如果是委托代理人办理，还需要授权委托书及经办人身份证。销户必须是全部用电容量的停止使用，所以现场是确实不需要用电了吗？

客户：是的，这是资料。

受理员：好的，请稍等，我先帮您查询一下。

受理员：您好，让您久等了。经过查询，户号是×××，户名是×××，地址是×××，对吗？

客户：是的。

受理员：好的，这是销户申请单，请填写一下。

客户：好了。

受理员：好的，现在已经帮您受理完毕，后期会有工作人员进行现场勘查、拆电能表等流程，如销户过程中遇有纠纷或者阻挠的，供电企业将暂缓销户，等现场协调解决后再进行办理。

客户：好的。

受理员：好的。请问您还有其他业务需要办理吗？

客户：没有了。

受理员：好的，请带好您的随身物品，请慢走！

对话场景3　临时用电客户

受理员：您好，请坐，请问您需要办理什么业务？

客户：我有一个临时用电，现在不用了，需要办理什么业务？

受理员：好的，您要办理的是销户业务。请问用电户名或用电户号是什么？先帮您查询一下。

客户：户名是×××。

受理员：好的，请稍等。这是“销户申请单”以及“销户业务办理告知书”，需要提供的材料我们都有备注，请您收好。

客户：好的，谢谢。

受理员：不用谢，请问还有其他业务需要办理的吗？

客户：没有了。

受理员：受理员：好的，请带好您的随身物品，请慢走！

十、移电能表

申请所需资料：个人客户申请所需资料包括：其他业务申请表、房屋产权证明、经办人身份证明及授权委托书；企业客户申请所需资料包括：其他业务申请表，客户主体资格证明（包括经加盖单位公章的营业执照或组织机构代码证、宗教活动场所登记证、社会团体法人登记证书、军队、武警出具的办理用电业务的证明等），经办人身份证明及授权委托书。

对话场景1　资料齐全、符合条件

国网××某供电公司

申请编号：＿＿＿＿＿＿号

其他业务申请表

用户编号：＿＿＿＿＿＿号

<table>
<tr><td rowspan="12">客户填写栏</td><td colspan="5">一、客户资料</td></tr>
<tr><td>户名</td><td colspan="2"></td><td>行业分类</td><td></td></tr>
<tr><td>用电地址</td><td colspan="2"></td><td>行政区</td><td></td></tr>
<tr><td>经办人</td><td></td><td>经办人电话</td><td colspan="2"></td></tr>
<tr><td colspan="5">二、申请内容</td></tr>
<tr><td rowspan="6">申请类型</td><td>容量变更类</td><td colspan="3">□暂拆 □暂拆复装 □暂换 □暂换恢复 □减容恢复 □暂停恢复</td></tr>
<tr><td>表计类</td><td colspan="3">□计量装置故障处理 □失窃电表 □验表 □移表 □表计装拆</td></tr>
<tr><td rowspan="2">电价电费类</td><td colspan="3">□居民分时变更 □更改电价类别 □更改缴费方式 □退补电费</td></tr>
<tr><td colspan="3">□变更单一制两部制：
□单一制
□两部制峰谷分时
□变更基本电费计收方式：
□变压器容量
□合同最大需量 约定需量核定值＿＿＿＿千瓦
□实际最大需量</td></tr>
<tr><td>其它类</td><td colspan="3">□临时用电延期 □迁址 □分户 □并户 □改压 □其它</td></tr>
<tr><td colspan="4"></td></tr>
<tr><td>申请事由</td><td colspan="4"></td></tr>
<tr><td rowspan="2">客户申明栏</td><td colspan="5">三、客户申明</td></tr>
<tr><td colspan="5">本申请表中的信息和提供的相关文件资料真实有效，阅读并接受《客户须知》（背面）各项条款，谨此申明。

用电客户：（签章） 经办人：（签字）
申明日期： 年 月 日</td></tr>
<tr><td rowspan="2">供电公司填写栏</td><td colspan="5">四、受理登记</td></tr>
<tr><td colspan="5">受理日期： 年 月 日 受理人：</td></tr>
</table>

受理员：您好，请坐，请问您需要办理什么业务？

客户：你好，我要移个电能表，请问要提供什么资料？

受理员：好的，移电能表需要提供房屋产权证明以及房屋产权人身份证明。请问为什么移电能表呢？

客户：我家房子外墙需要重新粉刷，这是资料。

受理员：好的，麻烦您填写“其他业务申请表”。后期会有工作人员和您联系进行现场勘查，麻烦您保持手机畅通。

客户：好的。

受理员：好的。请问您还有其他业务需要办理吗？

客户：没有了。

受理员：好的，请带好您的随身物品，请慢走！

对话场景2　资料未带

受理员：您好，请坐，请问您需要办理什么业务？

客户：你好，我想移一台电能表，请问要提供什么资料？

受理员：好的，移电能表需要提供房屋产权证明以及房屋产权人身份证明。请问为什么移电能表呢？

客户：我房子外墙需要重新粉刷，但是资料没带，而且我比较着急，想明天就要弄好，工人都约好了。

受理员：好的，这是“移电能表用电业务办理告知书”，上面有需要提供的资料以及联系电话。可以先留下您的家庭地址和联系电话，我们安排工作人员和您联系，如果现场情况明显具备直接移电能表条件，采用“一岗制”作业模式，当场完成移电能表工作，资料由工作人员带回。

客户：好的，谢谢。

用电业务办理告知书

移 表

尊敬的电力客户：

欢迎您到国网江苏省电力有限公司办理用电业务，请您仔细阅读以下内容。

① 业务办理流程

业务受理 → 现场勘查 → 答复供电方案 → 竣工验收 → 移 表 → 结 束

② 业务申请所需资料

业务环节	序号	资料名称	线上		线下	
			类型	是否必备	类型	是否必备
业务受理环节	1	其他业务申请单	电子	是（自然人客户系统自动生成）	纸质	是（系统生成、客户确认）
	2	房屋产权所有人有效身份证明	电子	是	纸质	是
	3	房屋产权证明（复印件）或其它证明文书	电子	是	纸质	是
	4	非居民客户主体证明，包括：法人代表有效身份证明、经加盖单位公章的营业执照（或组织机构代码证，宗教活动场所登记证，社会团体法人登记证书，军队、武警出具的办理用电业务的证明等）	电子	以法人或其他组织名义办理必备	纸质	以法人或其他组织名义办理必备
	5	（1）授权委托书 （2）经办人有效身份证明	电子	委托代理人办理时必备	纸质	委托代理人办理时必备

③ 其他注意事项

1. 客户因修缮房屋或其它原因需要移动用电计量装置安装位置，在用电地址、用电容量、用电类别、供电点等不变情况下，可办理移表手续。
2. 供电企业不收取移表费，移表引起的客户内部工程，由客户自行委托有资质的单位实施。
3. 供电企业在受理客户移表业务申请后5个工作日内完成现场勘查。

受理员：好的。请问您还有其他业务需要办理吗？

客户：没有了。

受理员：好的，请带好您的随身物品，请慢走！

对话场景3　不符合条件

受理员：您好，请坐，请问您需要办理什么业务？

客户：你好，我想移一台电能表，请问怎么办？

受理员：好的，请问为什么需要移电能表呢？

客户：我使用的三相电做维修的，现在门市换了地方了，想把电能表移过去。

受理员：您好，移电能表是需要在用电地址、用电容量、用电类别、供电点等不变的情况下才可以办理。您这种情况可以在新的用电地址重新提交用电申请。

客户：好的，那我需要提供什么资料？

受理员：您好，这是“低压非居民用电业务办理告知书”，需要您提供的材料我们都有备注，请您收好。

客户：好的，谢谢。

受理员：不客气，这是我们的“客户联系卡”，后期您有任何需要可以随时联系我们，请问您还有其他业务需要办理吗？

客户：没有了。

受理员：好的，那您没有其他业务需要办理的话请带好您的随身物品，请慢走！

十一、暂复换

申请所需资料：“其他业务申请表”、客户主体资格证明、经加盖单位公章的营业执照或组织机构代码证、宗教活动场所登记证、社会团体法人登记证书、军队/武警出具的办理用电业务的证明等，委托代理人办理时需经办人身份证明及授权委托书。

对话场景 暂换

受理员：您好，请坐，请问您需要办理什么业务？

客户：你好，我们单位变压器出现故障了，但是一时买不到同样容量的变压器，请问有什么办法吗？

受理员：好的，像您这种情况可以办理暂换业务。

客户：什么是暂换？

受理员：暂换就是用户因受电变压器故障而无相同容量变压器替换，需要临时更换大容量变压器。有以下几个注意点：

①必须是原受电地点内整台的暂换受电变压器。②暂换变压器的使用时间，10 千伏及以下的不得超过 2 个月，35 千伏以及上的不得超过 3 个月。逾期不办理手续的，供电企业可以中止供电。③暂换的变压器经检验合格后才能投入运行；④两部制电价的用户从暂换之日起，按替换后的变压器容量计收基本电费。

客户：好的，那太好了，那我现在申请。

受理员：好的，请填写一下申请单并盖章。

客户：好了！

受理员：好的，您的申请已经受理，后期会有工作人员和您联系，请您手机保持畅通！请问您还有其他业务需要办理吗？

客户：没有了。

受理员：好的，那您没有其他业务需要办理的话请带好您的随身物品，请慢走！

十二、暂拆

申请所需资料：个人客户申请所需资料包括："其他业务申请表"、房屋产权证明、房屋产权人身份证明。企业客户申请所需资料包括："其他业务申请表"，房屋产权证明，客户主体资格证明（经加盖公章的营业执照或组织机构代码证，宗教活动场所登记证，社会团体法人登记证书，军队、武警出具的办理用电业务的证明等）。委托代理人办理时需经办人身份证明及授权委托书。

用电业务办理告知书

暂拆（复装）

尊敬的电力客户：

欢迎您到国网江苏省电力有限公司办理用电业务，请您仔细阅读以下内容。

① 业务办理流程

暂拆流程：业务受理 → 现场勘查 → 拆表 → 结束

复装流程：业务受理 → 现场勘查 → 装表 → 结束

② 业务申请所需资料

业务环节	序号	资料名称	线上		线下	
			类型	是否必备	类型	是否必备
业务受理环节	1	其他业务申请单	电子	是（自然人客户系统自动生成）	纸质	是（系统生成、客户确认）
	2	房屋产权所有人有效身份证明	电子	是	纸质	是
	3	房屋产权证明	电子	是	纸质	是
	4	非居民客户主体证明，包括：法人代表有效身份证明、经加盖单位公章的营业执照（或组织机构代码证，宗教活动场所登记证，社会团体法人登记证书，军队、武警出具的办理用电业务的证明等）	电子	以法人或其他组织名义办理必备	纸质	以法人或其他组织名义办理必备
	5	（1）授权委托书 （2）经办人有效身份证明	电子	委托代理人办理时必备	纸质	委托代理人办理时必备

③ 其他注意事项

1. 低压供电客户因修缮房屋或其它原因需要暂时停止用电并拆表，可申请办理暂拆，供电企业在客户办理手续后5天内执行暂拆。
2. 暂拆时间最长不得超过6个月。暂拆期间，供电企业保留该客户原容量的使用权。
3. 暂拆原因消除，客户要求复装接电时，须向供电企业办理复装接电手续。手续完成后，供电企业在5天内复装接电。
4. 超过暂拆规定时间要求复装接电者，按新装手续办理。
5. 拆表过程中遇有纠纷或阻挠的，供电企业将暂缓拆表，待客户协调解决后再予办理。

对话场景1　符合条件

受理员：您好，请坐，请问您需要办理什么业务？

客户：你好，我想申请把电能表暂时拆掉。

受理员：好的，您说的是暂拆业务吗？请问是什么原因需要办理暂拆呢？

客户：我房屋需要整修，需要提供什么资料呢？

受理员：好的，暂拆需要提供房屋产权证、房屋产权人身份证明。这边和您详细解释一下暂拆业务：暂拆是暂时停止用电并拆除电能表，时间最长不得超过6个月。暂拆原因消除后，您需要办理复装接电手续，手续完成后，供电企业将在5个工作日内复装接电；超过暂拆规定时间再申请复装接电的话，按新装手续办理；在申请暂拆前现场应确定不需要用电，如工作人员在拆电能表过程中遇有纠纷或者阻挠的，供电企业将暂缓拆电能表，等待协调解决后再进行办理。这张是“其他业务申请表”，请您填写一下。

客户：好的。（填写“申请表”并提供资料）

受理员：好的，申请手续已经办理好了，后续会有工作人员和您联系进行现场勘查，请保持手机畅通。请问还有其他业务需要办理吗？

客户：没有了。

受理员：好的，那您没有其他业务需要办理的话请带好您的随身物品，请慢走！

对话场景2　不符合条件

受理员：您好，请坐，请问您需要办理什么业务？

客户：你好，我想申请把电能表暂时拆掉。

受理员：好的，您说的是暂拆业务吗？请问是什么原因需要办理暂拆呢？

客户：我房屋租给别人了，现在租期到了租户不肯搬走。

受理员：好的，我先给您详细介绍一下暂拆业务：暂拆是暂时停止用电并拆除电能表，时间最长不得超过6个月。暂拆原因消除，您需要办理复装接电手续，手续完成后，供电企业将在5个工作日内复装接电。超过暂拆规定时间再申请复装接电，按新装手续办理。在申请暂拆前现场应确定不需要用电，如工作人员在拆电能表过程中遇有纠纷或者阻挠的，供电企业将暂缓拆电能表，等待协调解决后再进行办理。所以您可以先进行申请，后期会有工作人员进行现场勘查，如确实是您这种情况还是建议您和租户进行协调或者其他途径。

客户：好的，我了解了。我再回去想想。

受理员：好的。请问您还有其他业务需要办理吗？

客户：没有了。

受理员：好的，这是我们的客户联系卡，后期您有任何需要可以随时联系我们，请带好您的随身物品，请慢走！

十三、暂停

申请所需资料：“暂停（减容）用电申请表”，客户主体资格证明（包括经加盖单位公章的营业执照或组织机构代码证，宗教活动场所登记证，社会团体法人登记证书，军官、武警出具的办理用电业务的证明等），经办人身份证明及授权委托书。

对话场景1　法人办理

受理员：您好，请坐，请问您需要办理什么业务？

客户：你好，我有个厂生产不景气，暂时不生产，又不想销户。办理什么手续？

受理员：您好，请问您携带电费缴费卡（或近期电费发票）了吗？帮您查一下客户档案。

客户：我的户名是×××（户号是×××）。

受理员：×××户名（×××户号）是高压供电专用变压器用户，可以办理暂停业务**（居民客户及低压非居民客户不办理暂停业务）**。

客户：办理暂停需要多长时间？

受理员：暂停业务须在电费结清的情况下才能办理，须提前5个工作日向供电企业提出申请。您可以在“网上国网”App线上申请，也可以到供电营业厅申请。

国网××某供电公司

暂停（减容）用电申请表

申请编号：＿＿＿＿＿＿号

用户编号：＿＿＿＿＿＿号

客户填写栏	一、客户资料				
	户　名			行业分类	
	用电地址			行政区	
	经办人		经办人电话		
	二、申请内容				
	申请类型	□暂停　□非永久性减容　□永久性减容			
	批准容量	千伏安			
	减容暂停内容	减停容量：　千伏安			
		□变更基本电费计收方式： □变压器容量 □合同最大需量　约定需量核定值＿＿＿千瓦 □实际最大需量			
		减停设备：	#变　千伏安；　#变　千伏安		
			#变　千伏安；　#变　千伏安		
		停用日期：　年　月　日　启用日期：　年　月　日			
	三、备注				
客户申明栏	四、客户申明				
	本申请表中的信息和提供的相关文件资料真实有效，阅读并接受《客户须知》（背面）各项条款，谨此申明。 用电客户：（签章）　经办人：（签字） 申明日期：　年　月　日				
供电公司填写栏	五、受理登记				
	受理日期：　年　月　日　受理人：				

客户：暂停可以停多久？

受理员：暂停用电必须是整台或整组变压器暂停，每次不得少于15天，每一日历年内累计暂停时间不得超过6个月。对按最大需量计收基本电费客户，必须是整日历月的暂停。暂停期满或每一日历年内累计暂停用电时间超过6个月，不论是否恢复用电，从期满之日起，将恢复原电价计费方式，并按合同约定的容量计收基本电费。如果暂停超过6个月仍未恢复生产，建议您申请办理减容业务。

客户：需要带哪些资料？

受理员：请问法人代表是您本人吗？（确认是否是法人代表本人）

客户：是的。

受理员：您需要提供法人代表身份证原件和复印件、电费交费卡（或可提供近期电费发票或电能表表号）、营业执照（若系统内存在且在有效期内的则无须提供）。

客户：我今天没有带来，就是咨询一下。

受理员：没关系，这个是“暂停业务告知书”，提供给您，需要资料上面都有的。

受理员：请问您还有其他业务需要办理吗？

客户：没有了。

受理员：好的，这是我们的客户联系卡，后期您有任何需要可以随时联系我们，请带好您的随身物品，请慢走！

对话场景2　委托人办理

受理员：您好，请坐，请问您需要办理什么业务？

客户：你好，我有个厂生产不景气，暂时不生产，又不想销户。办理什么手续？

受理员：您好，请问您携带电费缴费卡（或近期电费发票）了吗？帮您查一下客户档案。

客户：我的户名是×××（户号是×××）。

受理员：×××户名（×××户号）是高压供电专用变压器用户，可以办理暂停业务**（居民客户及低压非居民客户不办理暂停业务）**。

客户：办理暂停需要多长时间？

受理员：暂停业务须在电费结清的情况下才能办理，须提前5个工作日向供电企业提出申请。您可以在“网上国网”App线上申请，也可以到供电营业厅申请。

客户：暂停可以停多久？

受理员：暂停用电必须是整台或整组变压器暂停，每次不得少于15天，每一日历年内累计暂停时间不得超过6个月。对按最大需量计收基本电费客户，必须是整日历月的暂停。暂停期满或每一日历年内累计暂停用电时间超过6个月，不论是否恢复用电，从期满之日起，将恢复原电价计费方式，并按合同约定的容量计收基本电费。如果暂停超过6个月仍未恢复生产，建议您申请办理减容业务。

客户：需要带哪些资料？

受理员：请问法人代表是您本人吗？（确认是否是法人本人）

客户：不是，这是我老板的公司。

受理员：您需要提供法人代表身份证原件和复印件、电费交费卡（或可提供近期电费发票或电能表表号）、营业执照（若系统内存在且在有效期内的则无须提供)、被委托人身份证原件和复印件、授权委托书。

受理员：请问您还有其他业务需要办理吗?

客户：没有了。

受理员：好的，这是我们的客户联系卡和“暂停业务告知书”，后期您有任何需要可以随时联系我们，请带好您的随身物品，请慢走!

对话场景3　资料不齐全

客户：我今天没有带来，就是咨询一下。

受理员：没关系，这个是“暂停业务告知书”，提供给您，需要资料上面都有的。(一定要拿对应的业务告知书给客户并指导)。

客户：暂停期间电费怎么算的?

受理员：暂停不满15天者，暂停期间不减收基本电费。按最大需量计收基本电费的，申请暂停的期限应以整日历月为基本单位，未按整日历月暂停的月份不减收基本电费。暂停后容量达不到实施两部制电价规定容量标准的，应改为相应用电类别单一制电价计费，执行相应的分类电价标准，功率因数调整电费标准按供用电合同约定执行。对暂停前按变压器容量方式计收的，基本电费按实际执行天数计算；执行最大需量计费方式的，合同最大需量按照暂停后总容量申报。

客户：好的，谢谢，我回去准备材料。

受理员：不客气，请问您还有其他业务需要办理的吗?

客户：没有了。

受理员：好的，请带好您的随身物品，请慢走！

十四、暂停恢复

申请所需资料："其他业务申请表"、客户主体资格证明（包括经加盖单位公章的营业执照或组织机构代码证，宗教活动场所登记证，社会团体法人登记证书，军队、武警出具的办理用电业务的证明等）、经办人身份证明及授权委托书。

对话场景　暂停恢复

受理员：您好，请坐，请问您需要办理什么业务？

客户：你好，我之前申请暂停用电，现在需要恢复用电，要办理什么手续呢？

受理员：您好，需办理暂停恢复业务，暂停恢复须提前5个工作日向供电企业提出申请。您可以在"网上国网"App线上申请，也可以到供电营业厅申请。

客户：需要带哪些资料？

受理员：请问法人代表是您本人吗？（确认是否是法人本人）

客户：不是，这是我老板的公司。

受理员：您需要提供法人代表身份证原件和复印件、电费交费卡（或可提供近期电费发票或电能表表号）、营业执照（若系统内存在且在有效期内的则无须提供）、被委托人身份证原件和复印件、授权委托书。

客户：我今天没有带来，就是咨询一下。

受理员：没关系，这个是“暂停恢复业务告知书”，提供给您，需要的资料上面都有。

客户：暂停恢复后电费怎么算的？

受理员：暂停恢复后容量达到实施两部制电价规定容量标准，应恢复执行两部制电价，执行相应的分类电价标准；按变压器容量计收基本电费的用户，基本电费按实际执行天数计算，暂停不满15天者，暂停期间不减收基本电费；按最大需量计收基本电费的用户，合同最大需量按照暂停恢复后总容量申报，未按整日历月暂停的月份不减收基本电费。

客户：好的，谢谢，我回去准备材料。

受理员：不客气，请问您还有其他业务需要办理的吗？

客户：没有了。

受理员：好的，请带好您的随身物品，请慢走！

第三部分

其他业务

一、困难群体及人口基数信息维护

人口基数信息维护申请所需资料："其他业务申请表"、房屋产权证明材料原件、户号或电费发票、户口簿原件、房屋产权人身份证原件、户籍内及所有居住人口的身份证原件和居住证。

困难群体减免基数申请所需资料："其他业务申请表"、户号、身份证、五保证（低保/特困职工家庭证）等资料，如经办人办理，除以上材料外，还需携带经办人身份证、低保或五保户证本人出具的委托授权书。

对话场景1　人口基数信息增加

受理员：您好，请坐，请问您需要办理什么业务？

客户：你好，我家人口多，电费可以优惠吗？

受理员：您好，请问您携带电费缴费卡（或近期电费发票）了吗？帮您查一下客户档案。

客户：我的户名是×××/户号是×××。

受理员：您提供的户号××，是"一户一表"并执行居民阶梯电价的居民客户。请问您家户口本上总共多少人呢？

客户：我们家总共6人。

受理员：好的，根据最新的阶梯电价政策，5人及以上的家庭可申请每户每月增加100千瓦时阶梯电量基数；7人及以上的家庭，可选择申请执行居民合表电价（0.5483元/千瓦时），无须执行阶梯电价。您目前符合每月增加100千瓦时阶梯电量基数政策，可以申请办理增加基数。

客户：是要在一个户口簿上吗？

受理员：居民家庭人口数量以公安部门颁发的户口簿或江苏省居住证为依据（居住证须在有效期内）。一个住宅证明下对多个户口簿和居住证时，按该住宅证明下的户籍人口和居住证总数进行核定。

客户：那太好了，请问怎么办理啊？

受理员：您好，您需携带房屋产权证明材料原件、户号或电费发票、户口簿原件、房屋产权人身份证原件、户籍内及所有居住人口的身份证原件和居住证等，准备好以上材料就可以到供电营业厅申请办理了。

客户：那我回去准备资料。

受理员：请问您还有其他业务需要办理吗？

客户：没有了。

受理员：好的，这是我们的客户联系卡和业务申请表和多户办理告知书，后期您有任何需要可以随时联系我们，请带好您的随身物品，请慢走！

对话场景2　困难群体减免基数

受理员：您好，请坐，请问您需要办理什么业务？

客户：你好，请问五保户，可以减免电费吗？

受理员：可以的，根据《省物价局关于试行居民生活用电阶梯式电价的通知》文件要求，对低保户、五保户和特困职工家庭每户每月给予15千瓦时免费用电基数，一个电费户下存在多个低保户、五保和特困职工家庭户时，按照有效人数对应的免费用电基数从用电量中予以扣除（城乡“低保户”和农村“五保户”为合表或集中供养，则按提供用电户号登记，并在相应户上扣减免电量后，计算当月应收电费）。

客户：需要什么手续，提供哪些资料？

受理员：需提供办理户号、身份证、五保证（低保/特困职工家庭证）等资料；如经办人办理，除以上材料外，还需携带经办人身份证，低保户或五保户证本人出具的委托授权书。

客户：其他地方有房也可以同时办理吗？

受理员：您好，不可以的，一户五保户（低保户/特困职工家庭户）只能对应登记一个身份证及用电户号信息，享受一次免费用电基数返还。

客户：好的，谢谢！我回去准备资料。

受理员：请问您还有其他业务需要办理吗？

客户：没有了。

受理员：好的，这是我们的客户联系卡，后期您有任何需要可以随时联系我们，请带好您的随身物品，请慢走！

对话场景3　不是户主本人

受理员：您好，请坐，请问您需要办理什么业务？

客户：你好，请问低保户，现在租的房子，可以减免电费吗？

受理员：可以的，根据《省物价局关于试行居民生活用电阶梯式电价的通知》文件要求，对低保户、五保户和特困职工家庭每户每月给予15千瓦时免费用电基数。

客户：怎么办理？

受理员：需提供办理户号、身份证、低保证资料；如经办人办理，除以上材料外，还需携带经办人身份证，低保户本人出具的委托授权书，以及房屋产权人的授权证明材料。

客户：其他地方有房也可以同时办理吗？

受理员：您好，不可以的，一户低保户只能对应登记一个身份证及用电户号信息，享受一次免费用电基数返还。

客户：好的，谢谢，我回去准备材料。

受理员：请问您还有其他业务需要办理的吗？

客户：没有了。

受理员：好的，请带好您的随身物品，请慢走！

对话场景4　敬老院申请电费减免

受理员：您好，请坐，请问您需要办理什么业务？

客户：你好，我是××敬老院的，想办理减免电费，怎么办理？

受理员：好的，请您提供办理户号、法人身份证、营业执照（若系统内存在且在有效期内的，则无须提供）、被委托人身份证原件和复印件、授权委托书以及经财政部门核定盖章的集中供养人员名册、身份证明材料。

客户：好的，优惠是怎么算的？

受理员：您好，在申请通过审验后，供电企业按照有效人数对应的免费用电基数从集中供电单位的用电量中予以扣除（每户15千瓦时/月）。

客户：请看下这些资料，可以办理吗？

受理员：好的，您提供的资料齐全，现在帮您申请，请稍等！

客户：好的。

受理员：您好，让您久等了，您办理的业务已经办好，请问您还有其他业务需要办理吗？

客户：没有了。

受理员：好的，这是我们的客户联系卡，后期您有任何需要可以随时联系我们，携带好您的随身物品，请慢走！

二、电费结算协议变更

智能交费申请所需资料："其他用电业务申请表""智能交

费结算协议”、提供办理户号，以及与用电地址一致的房产证明材料原件（已办理实名制用户可不提供）、房屋产权人身份证原件（单位户名则提供与户名一致的公章及法人私章）。

电子托收申请所需资料：“其他用电业务申请表”“电费结算协议”“同城借记业务付款授权书”“电费付款授权书”和书面申请（要在申请书上写上合并原因、以后电费缴纳方式及联系人、联系电话等，并加盖单位公章）。

对话场景1　办理智能交费结算协议

受理员：您好，请坐，请问您需要办理什么业务？

客户：你好，我家房子租给别人，我想办理先交费后用电的业务。

受理员：请问是您房主本人吗？

客户：是的。

受理员：好的，那请您提供办理户号、与用电地址一致的房产证明材料原件（已办理实名制用户可不提供）、房屋产权人身份证原件（单位户名则提供与户名一致的公章及法人私章）。

客户：×××户号/×××户名。

受理员：请您填写“智能交费结算协议”，提供正确及常用的手机号码。我们将在电费低于余额报警阈值时，进行短信提示，办理成功后电费将变更为“按期”结算，请按时缴纳电费。

客户：请问租客想要开增值税发票，我需要把用电户过给他吗？

受理员：您好，无须更名/过户。您可以办理更改缴费方式。

客户：需要带哪些材料？

受理员：您好，需要带双方营业执照、双方法人身份证、租赁合同、委托书及委托人身份证（盖双方公章）、产权证明，在营业厅签订“电费结算及开票三方协议”（系统输入租赁方增值税相关的信息即可）。

客户：好的，我通知租客准备材料，谢谢！

受理员：不客气，请问您还有其他业务需要办理的吗？

客户：没有了。

受理员：好的，请带好您的随身物品，请慢走！

对话场景2　取消智能交费结算协议

受理员：您好，请坐，请问您需要办理什么业务？

客户：我家里停电了，不知道什么情况，前两天才交了100块钱，还没用几天呢。

受理员：请出示一下您的身份证明和用电户号（缴费卡、近期电费发票），我帮您查一下。

客户：这是我的身份证和电费发票，请帮忙看下。

受理员：好的（核对户主身份信息，统一视图查看用电消费情况，发现已开通费控），这边帮您核实了下，您家之前开通了费控业务，目前是按照每天用电量来测算您家的电费的，当您的电费低于您签订的预警阈值30元钱时，系统会自动提醒您电费余额不足，需要充值；当您的预存电费低于0元时，这边会自动停电，交费后系统也会自动复电，请您理解。

客户：哦，原来是这样，那我这房子是给我父母住的，他们年纪大了，又不懂这业务，停电对他们来说很不方便，我这边也不放心，要不你给我关了吧，我按时交电费就行了。

受理员：好的（复印户主身份证），请您填写“取消费控申请表”，这就给您办理。

客户：好的，谢谢。

受理员：不客气，这边已经帮您取消了，您以后不会接收到类似预警信息了，您只需在您的交费周期内正常交费就可以了。

客户：好的，那我怎样才能知道我关掉费控了呢？

受理员：您这边可以下载“网上国网”App，绑定您家的用电户号，如果是费控用户，我们的界面会出现负值，而且每天都不一样，您可以试试。

客户：好的，那你帮我下载一下吧，我想看看。

受理员：好的（接过手机，开始下载），这边已经帮您下载好了，您看下。

客户：好的，我看到了，谢谢你

受理员：不客气，请问您还有其他业务需要办理的吗？

客户：没有了。

受理员：好的，请带好您的随身物品，请慢走。

对话场景3 办理特约委托

受理员：您好，请坐，请问您需要办理什么业务？

客户：你好，请问什么叫特约委托？

受理员：您好，特约委托是一种较为先进、便捷的缴费方式。签订电费付款授权书并提供正确银行开户信息的客户均可使用特约委托方式，包括居民客户和非居民客户，但一般居民客户办理特约委托较为少见。

客户：怎么办理电子托收？

受理员：办理电子托收须结清电费后，携带单位公章、法人私章、财务专用章到所属营业厅领取“其他用电业务申请表”“电费结算协议”“同城借记业务付款授权书”，填写户号、银行账号和开户行信息等，然后盖章递交柜台（如无法携带以上提及的印章，可去所属营业厅领取相关表格，回去填写并加盖章后送回所属营业厅办理）。负控购电客户不能同时办理特约委托。

客户：好的，租赁户可以办理电子托收?

受理员：因银行账户户名与营销系统户名不一致，收费后打印的发票与缴费单位不同，原则上不建议租赁户办理托收，如需办理除带以上材料外，还需在相关资料上盖上银行账户户名的章和营销系统户名的章。

客户：如果我们单位银行账户信息变更以后需办理什么吗?

受理员：银行账户、开户行等信息变更时，用户需要提出托收变更申请，到所属营业厅填写“电费结算协议”“电费付款授权书”并加盖公章后办理。

客户：电费托收什么时间扣款?

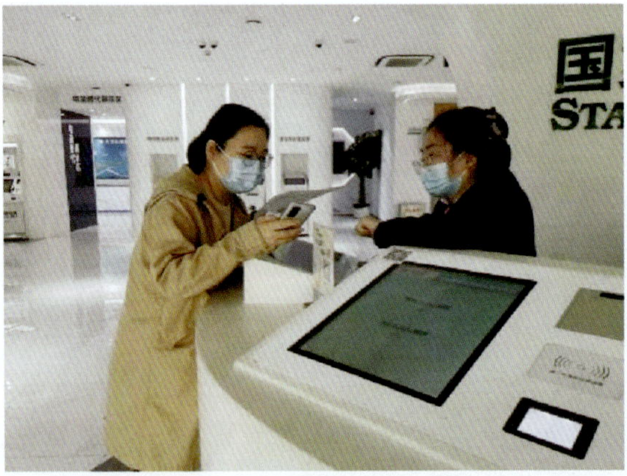

受理员：电子托收时间在每次电费结算后，由供电方委托银行划拨电费，划拨电费需在电费结算后7天内进入供电方电费账户。预结算客户，由供电方根据双方所签电费协议中约定的时间和比例委托银行开展电费预托收工作，并在电费结算后进行余额托收工作。一次性托收客户的扣款时间为电费发行后至正常交费截止日期之间的每个工作日，逾期产生违约金后不再托收，客户需到营业厅缴纳。分次预托收客户预收日期以电费结算协议的约定为准。一般为每月5日、15日、20日左右（遇节假日顺延），即预收一次的客户为每月5日左右预收一笔，电费发行后托收剩余电费；预收二次的客户为每月5日左右、15日左右预收二笔，电费发行后托收剩余电费；预收三次的客户为每月5日左右、15日左右、20日左右预收三笔，电费发行后托收剩余电费。

客户：特约委托发票领取方式是什么？

受理员：一次性托收或分次预托收中销账方式最后一笔为电子托收的，扣款后客户可以选择到供电营业厅索取发票，也可以申请由供电公司直接寄送（需要寄送发票的单位填写《增值税发票寄送确认单》并加盖公章后，交供电公司营业厅进行留存）；销账方式最后一笔非电子托收的，如到所属营业厅缴清剩余的欠费金额，即可在营业厅当场领取增值税专用发票，如当月应收电费全部由预收款冲抵的，供电公司催费人员会通过电话或给客户送缴费通知单的方式，告知客户可以领取发票，等客户接到通知后，凭预托收交费卡至所属营业厅领取增值税专用发票；为假托收客户（即系统为托收，实际不是托收），如采取现金、银行进账单缴费方式缴纳电费的，在所属营业厅缴费后当场领取增值专用发票。

客户：我们单位有多个电费账户时要怎么处理？

受理员：您可以办理合并托收业务，将几户的电费合并在同一个银行账户下扣款时，需要办理合并电费托收协议号（电费托收协议号是指客户采用托收方式缴纳电费时，供电公司系统中的电费托收协议号。每个办理托收的客户都有独立的电费托收协议号）。

客户：需要怎么办理？

受理员：您需提供电费缴费户名、总户号、书面申请（要在申请书上写上合并原因、以后电费缴纳方式及联系人、联系电话等）并加盖单位公章；市区用户到所属营业厅，县公司客户在电费班（电费班地址同县营业厅地址），领取“江苏省电费付款授权书”填写，并加盖财务章、法人章，也可取回填写并盖章。

客户：好的，我先考虑下，再来办理。

受理员：好的，请问您还有其他业务需要办理或咨询的吗？

客户；没有了。

受理员：好的，请携带好您的随身物品，请慢走！

三、居民峰谷分时

申请所需资料：“其他业务申请表”、与开户户名一致的用电人身份证原件和复印件、近期电费发票/电能表表号，如果委托其他人来办理，还需要经办人提供身份证原件和复印件。

国家电网
STATE GRID
国网江苏省电力有限公司
STATE GRID JIANGSU ELECTRIC POWER CO.,LTD.

用电业务办理告知书

居民峰谷分时变更

尊敬的电力客户：

欢迎您到国网江苏省电力有限公司办理用电业务。为了方便您办理业务，请您仔细阅读以下内容。

① 业务办理流程

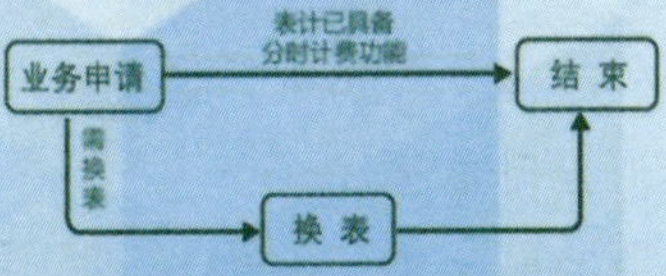

② 业务申请所需资料

业务环节	序号	资料名称	线上		线下	
			类型	是否必备	类型	是否必备
业务受理环节	1	其他业务申请表	电子	是	纸质	是
	2	房屋产权人身份证明，包括：身份证、军人证、护照、户口簿或公安机关户籍证明等	电子	是	纸质	是
	3	经办人身份证明及授权委托书	电子	委托代理人办理时必备	纸质	委托代理人办理时必备

对话场景　居民峰谷分时变更

受理员：您好，请坐，请问您需要办理什么业务？

客户：你好，居民分时是怎么分的，每个时段多少钱？

受理员：您好，低压居民峰谷分时用电分高峰和低谷两个时段，高峰时段为8时至21时，电价为0.5583元/千瓦时；低谷时段为21时至次日8时，电价为0.3583元/千瓦时。若不申请启用峰谷分时电价计费，则电价为0.5283元/千瓦时。

客户：居民客户是否默认开通分时电价？

受理员：分时电价由客户自行选择开通，一经选定一年内不得变更。一般不默认开通分时电价，但一些地市对近几年新建的小区住宅会默认开通分时电价。

客户：我家开通分时电价了吗？

受理员：请您提供一下您用电的户名或者户号，帮您查询一下系统。

客户：我的户名是×××，户号是×××。

受理员：请您稍等。经过查询您提供的×××户暂未开通居民分时电价。

客户：我如果要开通居民分时电价需要什么手续，提供哪些资料？

受理员：开通居民分时电价须在电费结清的情况下才能办理改类流程。您可以在“网上国网”App上申请，也可以到供电营业厅柜台办理。您需要提供与开户名一致的用电人身份证原件和复印件、近期电费发票/电能表表号。如果委托其他人来办理，还需要经办人提供身份证原件和复印件。

客户：居民开通分时电价后，从哪一天开始按照分时电价结算？

受理员：需要更换分时电能表的客户安装分时电能表时同时申请开通分时电价，则所拆电能表电量将按照普通居民电价执行，新电能表电量将按照居民分时电价执行；不需换电能表的客户在客户申请开通分时电价的业务流程归档后的第一次抄表电量，即执行分时电价。

客户：是否可以电话受理客户开通分时电价？

受理员：很抱歉，由于各地区现场实际用电情况均有不同，现在暂时不可以通过电话受理该项业务，建议您到就近的供电营业柜台详细咨询。

客户：好的，我了解了，谢谢。

受理员：不客气，这是一次性告知书、申请表以及客户联系卡，请您收好。请问您还有其他业务需要办理或咨询的吗？

客户：没有了。

受理员：好的，那请带好您的随身物品，请慢走！

四、校表

申请所需资料："其他业务申请表"；电费缴费卡，如无法提供电费缴费卡时，可提供近期电费发票或电能表号等；与系统户名一致的身份证原件和复印件；经办人身份证原件及复印件，如无法提供经办人身份证，可提供军官证、护照等有效证件；系统户名为单位的客户，还需携带单位公章。

注：如客户要求第三方实施验表，但又不愿意到第三方去办理验表手续的，需填写"授权委托验表业务办理申请书"。

对话场景　校验电能表

受理员：您好，请坐，请问您需要办理什么业务？

客户：我觉得你们电能表快，电费高，要校表。

受理员：您好，请问您是对哪期的电费有疑义，请您提供下户号我先帮您看下。

客户：户名×××/户号×××，我对××月电费有疑问。

受理员：您好：这个月交的是××月××号至××月××号的用电量，我帮您看下这段时间您每天的用电量明细（在采集系统帮用户调出具体明细，并与用户进行分析）。

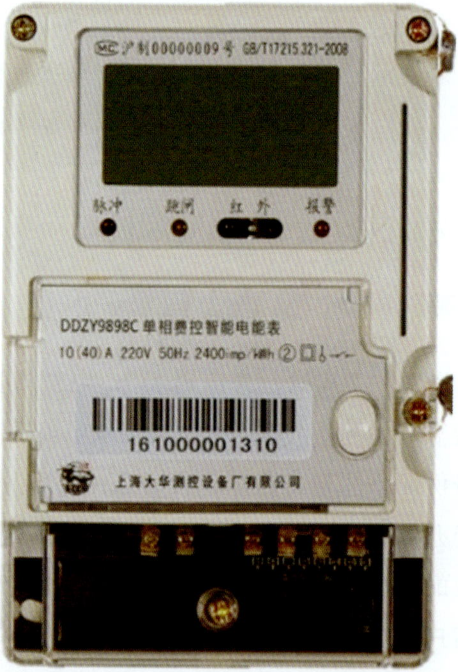

客户：我还是要校表。

受理员：好的，可以申请验表。在您办理验表手续后，我们的工作人员将在2个工作日内与您联系，确定现场验表的日期，并当着您的面进行检测。如果您对现场结果有异议，可申请将电能表拆回到供电公司做室内检定，进一步全面分析表计是否正常。如果您对室内检定的结论仍有怀疑，可向当地计量检定机构申请复验，若当地计量检定机构的复验结果与供电公司出具的结论一致，复验费将由您自行承担；若不一致，复验费将由供电公司承担。您在申请验表期间，其电费仍应按期交纳，验表结果确认后，再行退补电费。

客户：如果电能表有问题，电费怎么退？

受理员：您好，根据《供电营业规则》第八十条规定：电能表误差超出允许范围时，以“0”误差为基准，按验证后的误差值退补电量。退补时间从上次校验或换装后投入之日起至误差更正之日止的二分之一时间计算；退补期间，用户先按抄见电量如期交纳电费，误差确定后，再行退补。

客户：退的是现金吗？

受理员：您好，退给您的电量/电费，将作为暂存款退至您电费账户上；补收的电量/电费，将作为欠费再与您收取。

客户：好的，我再考虑一下。

受理员：好的，您也可以下载“网上国网”App，通过线上渠道办理业务，需要给您下载吗？

客户：好的，麻烦你帮我下载，我回去试试。

受理员：已为您下载好，请问还有其他业务需要办理吗？

客户：没有了。

受理员：好的，这是我们的客户联系卡，后期您有任何需要可以随时联系我们。请带好您的随身物品，请慢走！

五、办理客户能源卡

申请所需资料："客户能源卡业务办理申请单""客户能源卡业务变更申请单""客户能源卡业务注销申请单"（"主从户号电费集中交纳签约申请单""主从户号电费集中交纳变更表""主从户号电费集中交纳签约注销单"）、企业营业执照复印件或组织机构代码证、用电企业法人身份证复印件（财政用户无须提供用电法人身份证复印件）、业务办理授权书和业务经办人身份证复印件、付款银行开户许可证或者交费信息证明等资料并加盖公章。

对话场景　办理客户能源卡

受理员：您好，请坐，请问您需要办理什么业务？

客户：你好，请问能源卡是什么意思啊？

受理员：客户能源卡是江苏省电力有限公司在工商银行为电力客户配置的唯一专属银行账号，与用电户号绑定，客户通过自己的开户行向客户能源卡转账，即可实现自动销账；客户能源卡仅限为绑定的用电户号进行交费，不得用于其他非绑定用电户号交费；若产生非绑定户号的交费情况，原则上按照不明款退费流程处理。

客户：我们单位有多个用电户，可以通过客户能源卡缴费吗？

受理员：客户能源卡、电费充值等后付费用户有多个用电户号，可以通过办理主/从户号关系为客户提供多户号集中销账的方式。一个户号不能同时拥有托收关系和主/从户号关系，若已建立托收关系（特约委托不开票用户除外），如需建立主/从户号关系需先解除托收户关系，再建立主/从户号关系。

客户：主/从户号关系怎么办理？

受理员：需到供电营业厅填写“主/从户号电费集中交纳签约申请单”，并提供企业营业执照复印件或组织机构代码证、用电企业法人身份证复印件（财政用户无须提供用电法人身份证复印件）、业务办理授权书和业务经办人身份证复印件等资料并加盖公章；业务办理过程中需要确定主用电户号和从用电户号，以及从用电户号的销账顺序；主用电户号一经确认不得变更；多户号已建立主/从户号关系的，如需使用客户能源卡交费，则仅限主户号办理客户能源卡，从户号不可单独办理客户能源卡；已办理客户能源卡的户号，若需和其他户号建立主/从户号关系，则该户号必须是主户号。

客户：新增、删除、变更从用电户号需要办理什么手续？

受理员：客户新增、删除、变更从用电户号时，需填写“主从户号电费集中交纳变更表”并提供企业营业执照复印件或组织机构代码证、用电企业法人身份证复印件（财政用户无须提供用电法人身份证复印件）、业务办理授权书和业务经办人身份证复印件等资料并加盖公章。

客户：终止主从户号关系需要办理什么手续？

受理员：客户终止主从户号关系时，需填写“主从户号电费集中交纳签约注销单”，并提供企业营业执照复印件或组织机构代码证、用电企业法人身份证复印件（财政用户无须提供用电法人身份证复印件）、业务办理授权书和业务经办人身份证复印件等资料并加盖公章。

客户：我们单位可以办理能源卡吗？

受理员：客户能源卡原则上仅适用于开户银行不在工商银

行、农业银行、中国银行、建设银行、交通银行、邮政储蓄银行、江苏银行、招商银行、光大银行、浦发银行范围内的电力客户。请您提供一下用电户名或者户号，帮您查询一下系统。

客户：我们单位户名是×××/户号是×××。

受理员：请您稍等。经过查询您提供的×××户开户银行是×××，符合办理能源卡的条件。

客户：怎么办理能源卡?

受理员：能源卡业务仅限供电营业厅柜面办理，签约办理客户能源卡，需填写“客户能源卡业务办理申请单”，提供企业营业执照复印件或组织机构代码证、用电企业法人身份证复印件(财政用户无须提供用电法人身份证复印件)、业务办理授权书和业务经办人身份证复印件、付款银行开户许可证或者交费信息证明等资料并加盖公章。

客户：一张客户能源卡可以预留几个付款银行信息?

受理员：一张客户能源卡原则上最多可预留五个付款银行信息。

客户：使用能源卡客户分类，怎么分?

受理员：使用客户能源卡的客户根据付款类型限定为4类：财政、省外开户行、非省级开户行和其他，付款类型将按客户实际类型选择。

客户：能源卡有效期是多久?

受理员：根据客户付款类型客户能源卡的有效期分为长期有效和五年期，付款类型为财政、省外开户行、非省级开户行的客户有效期为长期有效；付款类型为其他的客户有效期为五年。

客户：新增（变更或删除）付款银行信息需要办理什么

业务？

受理员：客户新增（变更或删除）付款银行信息，应填写“客户能源卡业务变更申请单”，提供业务办理授权书和业务经办人身份证复印件、新增付款银行的开户许可证或者交费信息证明等资料并加盖公章。

客户：以后如果办理改变交费方式（过户或销户），客户能源卡怎么处理呢？

受理员：客户办理改变交费方式（过户或销户）业务应同步注销客户能源卡；填写“客户能源卡业务变更申请单”，提供企业营业执照复印件或组织机构代码证、用电企业法人身份证复印件（财政用户无需提供用电法人身份证复印件）、业务办理授权书和业务经办人身份证复印件等资料并加盖公章；过户后的新客户如需采用客户能源卡交费，按新签约客户办理。

客户：好的，我了解了，谢谢。

受理员：不客气。请问您还有其他业务需要办理或咨询的吗？

客户：没有了。

受理员：好的，那您没有其他业务需要办理的话请带好您的随身物品，请慢走！

六、分布式电源新装

自然人申请所需资料：业主身份证原件及复印件、房产证明或其他房屋使用的证明文件、业主结算用的银行卡、分布式电源接入申请表。对于公共屋顶光伏项目，还需提供物业、业主委员会或同一楼内全体业主的同意建设证明以及建筑物、实施的使用或租用协议。

非自然人申请所需资料：经办人身份证原件及复印件和法定代表人身份证原件及复印件（或法人委托书原件）；企业法人统一社会信用代码证、组织机构代码证、土地证等项目合法支持性文件；发电项目接入系统设计所需资料（发用电设备相关资料）；合同能源管理项目、公共屋顶光伏项目，还需提供建筑物及设施使用或租用协议；结算用的开户银行许可证明；分布式电源接入申请表。

对话场景1 自家屋顶建设

受理员：您好，请坐，请问您需要办理什么业务？

客户：你好，我家想装个太阳能发电。想咨询一下怎么办理？

受理员：您好，分布式光伏发电实行“自发自用、余电上网”或“全额上网”的消纳模式，这是“一次性告知书”，请您阅览。

客户：好的。

受理员：请问您是打算在自家屋顶建设还是在公共区域建

设呢？

客户：我家准备装在自家屋顶上。

受理员：您好，这是业务告知书，您需要提供身份证原件及复印件、房产证或其他房屋使用的证明文件就可以申请办理了。

对话场景 2　公共区域建设

受理员：您好，请坐，请问您需要办理什么业务？

客户：你好，我家想装个太阳能发电。想咨询一下怎么办理？

受理员：您好，分布式光伏发电实行“自发自用、余电上网”或“全额上网”的消纳模式，这是“一次性告知书”，请您阅览。

客户：好的。

受理员：请问您是打算在自家屋顶建设还是在公共区域建设呢？

客户：我家准备装在小区楼顶上。

受理员：您好，这是业务告知书，您需要提供以下资料：①身份证原件及复印件；②房产证或其他房屋使用的证明文件；③对于住宅小区居民使用公共区域建设分布式电源，需提供物业、业主委员会或居民委员会的同意建设证明。以上资料准备齐全就可以到我们营业厅申请办理了。

客户：现在发电补贴多少钱？

受理员：您好，每年千瓦时的补贴是按照国家发展和改革委员会和国家能源局的发文为准，今年文件还未出台，具体补贴以发文为准。

客户：那发电的电费是怎么结算的呢？

受理员：您好，供电企业抄表人员会在每月按时抄读结算您上月1日至月末的发电量，并提交上级相关部门审核，审核通过后按期汇入您的结算账户。

客户：好的，如果我申请的话，什么时间能装电能表？

受理员：在受理您的申请后对低压光伏项目我公司会在2个工作日内现场查勘，经过审批15个工作日内出具正式方案给您。后续工作我们会按照“一次性告知书”的流程定义与您对接，直至现场发电设备调试并网结束。

客户：好的，那收取费用吗？

受理员：公司在并网申请受理、项目备案、接入系统方案制订等全过程服务中不收取任何服务费用。分布式电源接入引起的客户工程由项目业主或用户自行投资建设；其接入引起的公共电网改造工程由供电公司投资建设。

客户：好的，我回去准备材料，明天过来申请办理。

受理员：好的，这是我们申请单和客户联系卡，请您慢走！

对话场景3 分布式电源非自然人企业新装

受理员：您好，请坐，请问您需要办理什么业务？

客户：你好，我有个厂房想装个太阳能发电。想咨询一下怎么办理？

受理员：您是否已取得建议函和备案文件？

客户：请问怎么取得建议函和备案文件？

受理员：您需带建议函模板（由供电公司提供）、企业营业执照及法人身份证复印件、授权委托人身份证复印件及授权委托书，至市级公司发展部办理；备案携带以上资料至发展改革委办理。

客户：好的，我知道了。

受理员：您好，这是“一次性告知书”，取得建议函和备案文件后企业客户还需携带：①经办人身份证原件、复印件和法定代表人身份证原件、复印件或法人委托书原件。②企业法人营业执照、税务登记证、组织机构代码证、土地证等项目用地合法性支持文件；如您已办理三证合一，可提供三证合一后的新证原件和复印件。③政府投资主管部门同意项目开展前期工作的批复需核准项目。④发电项目前期工作及接入系统设计所需资料发用电设备相关资料。⑤用电电网相关资料仅适用大工业用户。⑥合同能源管理项目、公共屋顶光伏项目，建筑物及设施使用或租用协议；以上材料准备齐全就可以到营业厅申请办理了。

客户：那我如果明天申请办理的话大概多久能办好？

受理员：您好。自受理并网申请之日起2个工作日内我们会现场进行勘察，20个工作日（多点并网的30个工作日）内完成供电方案拟定答复，在受理申请后的40个工作日多点并网的50个工作日不含您的光伏发电本体工程和接入系统工程施工时间内办结所有并网业务。

客户：那设备是你们帮忙购买的吗？还有安装是你们这边安装吗？

受理员：您好，分布式电源接入引起的客户工程由项目业主或用户自行投资建设；其接入引起的公共电网改造工程由供电公司投资建设。自行投资设备可由您自行采购或者委托第三方购置，安装是由客户自行委托有资质的施工单位进行施工安装的，后续由供电公司完成装电能表及并网调试。

客户：电费是怎么结算的呢？

受理员：您好，供电企业抄表人员会在每月按时抄读结算您上月1日至月末的发电量，并提交上级相关部门审核，审核通过后按期汇入您的结算账户。

客户：好的，我回去准备资料。

受理员：请问还有其他业务需要办理吗？

客户：没有了。

受理员：好的，那您没有其他业务需要办理的话请带好您的随身物品，请慢走！

对话场景4　分布式电源增容

受理员：您好，请问您需要办理什么业务？

客户：我家以前装了光伏，现在想申请增容应该怎么办理？

受理员：您好，对于在已建有分布式光伏发电项目的客户内部再次申请建设的项目，属于同一批文下分期建设的，原则上按发电户增容程序办理；属于不同批文下建设的，原则上按发电户新装程序办理。

客户：那请问在办理业务时需要交哪些费用呢？

受理员：电网企业在并网申请受理、接入系统方案制订、设计审查、计量装置安装、合同和协议签署、并网验收和并网调试、国家补贴计量和结算全过程服务中，不收取任何费用。

客户：好的，我回去准备材料过来办理。

受理员：好的，这是一次性告知书、申请单以及客户联系卡，上面有我们的联系电话，后期有任何用电需求都可以联系我们。请问还有其他业务需要办理吗？

客户：没有了。

受理员：好的，那您没有其他业务需要办理的话请带好您的随身物品，请慢走！

对话场景 5　分布式电源更名

受理员：您好，请坐，请问您需要办理什么业务？

客户：你好，我想变更一下我单位光伏项目的名称。

受理员：好的，请问单位名称是什么？

客户：×××公司。

受理员：好的，请稍等，我先帮您查询一下（系统内查询单位信息）。请问是单位名称内部变更吗？

客户：是的，有工商名称变更核准通知书。

受理员：好的，那您需要办理的是分布式电源更名，需要提供的资料有：①新户名的营业执照；②法人代表身份证；③新、旧户名的江苏省投资项目备案证；④新户名的银行开户信息；

⑤名称变更核准通知书；⑥填写申请单并加盖公章。

客户：好的，我都带了。

受理员：请您填写申请单。

客户：好了！

受理员：好的，业务已经受理，后期会有工作人员和您联系签订新的分布式光伏发电项目高压发用电合同。这是客户联系卡，上面有我们的联系电话，后期有任何用电需求都可以联系我们。请问还有其他业务需要办理吗？

客户：没有了。

受理员：好的，那您没有其他业务需要办理的话请带好您的随身物品，请慢走！

对话场景6 分布式电源过户

（1）企业客户分布式电源过户。

受理员：您好，请坐，请问您需要办理什么业务？

客户：你好，我想变更一下光伏用户的名称。

受理员：好的，请问单位名称是什么？

客户：×××公司。

受理员：好的，请稍等，我先帮您查询一下（系统内查询单位信息）。请问是单位名称内部变更吗？

客户：不是的，原先的公司将这个光伏项目转给我们单位了。

受理员：好的，那您需要办理的是分布式电源过户，需要提供的资料有：①新单位的营业执照；②法人代表身份证；③新单位的江苏省投资项目备案证；④新单位的银行开户许可证；⑤新单位与产权单位的合同能源管理合同；⑥填写申请单并加盖公章。

客户：好的，我回去准备资料。还想问下我过户后的上网电价和发电补贴有变化吗？

受理员：上网电价不变，但是发电补贴是国家补贴，根据国家发展和改革委员会的政策过户后的用户根据现行的补贴政策执行，享受不到原发电客户并网时的补贴。

客户：好的，谢谢。

受理员：不用谢，这是一次性告知书、申请单以及客户联系卡，上面有我们的联系电话，后期有任何用电需求都可以联系我们。请问还有其他业务需要办理吗？

客户：没有了。

受理员：好的，那您没有其他业务需要办理的话请带好您的随身物品，请慢走！

（2）居民客户分布式电源过户。

受理员：您好，请坐，请问您需要办理什么业务？

客户：你好，我想变更户名。

受理员：请问户名或者户号有吗？

客户：户名是××。

受理员：好的，请稍等，我想查询一下。您好，经过查询，该户名有一居民用电户和一个光伏发电户，因为两户是关联户，所以过户的话是需要同时办理过户手续的。

客户：是的，我买了这个房子。都需要提供什么资料？

受理员：好的，需要您提供房屋产权证明、身份证明、银行卡复印件。这是申请单，请您填写。

客户：好了。

受理员：好的，业务已经受理，后期会有工作人员和您联系重新签订合同。这是客户联系卡，上面有我们的联系电话，后期有任何用电需求都可以联系我们。请问还有其他业务需要办理吗？

客户：没有了。

受理员：好的，那您没有其他业务需要办理的话请带好您的随身物品，请慢走！

对话场景7 分布式电源改类

受理员：您好，请坐，请问您需要办理什么业务？

客户：你好，我之前办理的光伏提供的银行卡掉了，现在想换张银行卡，需要怎么办理？

受理员：您好，需要提供您的身份证、新的银行卡复印件以及一份银行结算账户信息变更的说明。

客户：说明怎么写？

受理员：这里有模板，将您的信息填入打印出来确认签字就可以了！

客户：好的谢谢！这是银行卡和身份证。

受理员：好的，请稍等，我去帮您复印一下。不好意思让您久等了，感谢您的耐心等待！您的银行卡和身份证原件，请收好！这是申请单和说明，请您填写确认并签字！

客户：好了！

受理员：好的，业务已经受理，后期会有工作人员和您联系重新签订合同。这是客户联系卡，上面有我们的联系电话，后期有任何用电需求都可以联系我们。请问还有其他业务需要办理吗？

客户：没有了。

受理员：好的，那您没有其他业务需要办理的话请带好您的随身物品，请慢走！

对话场景8　分布式电源销户

受理员：您好，请坐，请问您需要办理什么业务？

客户：你好，我有厂房要拆迁了，要把户头销户需要办理什么手续？

受理员：请问户名或者户号是什么？我先帮您查询一下。

客户：户名是××。

受理员：好的。经过查询，贵单位被光伏发电客户关联，所以厂房屋顶是有光伏发电项目是吗？

客户：是的。

受理员：好的，那您需同时办理分布式电源销户和用电户销户，分布式光伏电源销户流程完成后才能发起用电户销户流程。

客户：那需要什么资料呢？

受理员：分布式电源销户需要提供：①发电客户主体资格证明；②营业执照；③填写销户申请单并加盖公章；④经办人办理的还需提供授权委托书和经办人身份证。用电户销户需要提供：①用户主体资格证明；②营业执照；③房屋产权证原件和复印件；④填写销户申请单并加盖公章；⑤经办人办理的还需提供授权委托书和经办人身份证。这是“分布式电源业务告知书”，请您收好！

客户：好的，那我回去准备资料。

受理员：这是客户联系卡，上面有我们的联系电话，后期有任何用电需求都可以联系我们。请问还有其他业务需要办理吗？

客户：没有了。

受理员：好的，那您没有其他业务需要办理的话请带好您的随身物品，请慢走！

七、充电桩业务办理

充电桩申请所需资料：①有效身份证明；②车位产权证明，非车位产权人本人申请时，还需提供车位产权人许可证明材料；③非居民用电申请表。

在接入工程实施前补充以下资料：①电动车拥有证明，即购车发票、车辆完税证明、车辆转让证明、购车协议、机动车行驶证、车辆登记证书（以上任何一种即可）；②经物业（或业委会、居委会）确认同意安装充电设施的相关材料。

对话场景1　小区居民申请电动汽车充电桩

受理员：您好，请坐，请问您需要办理什么业务？

客户：你好，我家买了电动汽车，想在小区停车位安装汽车充电桩，方便充电。

受理员：好的，这是居民“电动汽车充电桩报装业务告知书，您需要准备：①有效身份证明；②车位产权证明，非车位产权人本人申请时，还需提供车位产权人许可证明材料；③“非居民用电申请表”。提供以上资料您就可以申请办理。

在接入工程实施前补充以下资料：①电动车拥有证明，即（以下任何一种即可）购车发票、车辆完税证明、车辆转让说明、购车协议、机动车行驶证、车辆登记证书；②经物业（或业委会、居委会）确认同意安装充电设施的相关材料。

客户：请问充电桩的电价是多少钱每千瓦时？

受理员：居民充换电设施执行分时电价，峰段8：00至21：00，0.5783/千瓦时；谷段21：00至次日8：00，0.3783元/千瓦时。

客户：好的，这是我的申请资料，请帮我看一下还差材料吗？

受理员：好的，您资料齐全，我现在帮您受理，这是申请表，请核对信息并确认签字。

客户：你们什么时候能来看现场给我个答复呢？

受理员：受理申请后1个工作日工作人员会进行现场查勘，2个工作日内答复供电方案给您。

客户：那这个工程由谁来做呢？

受理员：充换电设施的设计、设备采购、施工由客户自行委托有资质的单位实施。

客户：现场安装好了我还要做些什么呢？什么时候能送电？

受理员：配套工程完工后，您可以向供电公司提出报验申请，供电公司在接到申请后1个工作日内完成验收，当天装电能表接电。

客户：你们供电公司收些什么费用呢？

受理员：供电公司在充换电设施用电受理、设计审查、装电能表接电等全过程服务中，不收取任何服务费用。

客户：顺便我想问一下电动汽车到充电站充电怎么办理？

受理员：您可以在营业厅办理电动汽车充电卡，可在国家电网有限公司的电动汽车充电桩使用；也可以通过手机下载“E充电”App，现场支付充电。

客户：用充电卡充电的发票怎么开啊？

受理员：充电卡充电时不开具发票，在使用后才可以开具发票，可在供电营业网点或“E充电”网站申请开具发票。

客户：我明白了。

受理员：这是我们的客户联系卡，请收好。请问您还有其他业务需要办理吗？

客户：没有了。

受理员：好的，请带好您的随身物品，再见，请您慢走。

对话场景2 非居民申请电动汽车充电桩

受理员：您好，请坐，请问您需要办理什么业务。

客户：我是××××政府机关（公用机构、大型商业区、居民社区等公共区域），我们单位想申请电动汽车充电桩。

受理员：好的，这是“非居民充电桩申请一次性告知书”，您需要准备：①用电人有效身份证明（包括营业执照或组织机构代码证，经营性充换电报装，营业执照经营范围中应包含开展电动汽车充换电业务)；②固定车位产权证明或产权单位许可证明(包括土地或房产证明)；③充电桩技术参数；④市新能源汽车推广办备案批复（高压及经营性必需）。提供以上资料您就可以申请办电。

客户：好的，请问我们电费是怎么计算？

受理员：党政机关、事业单位和社会公共停车场中设置的充电设施用电，不再区分是否单独报装接电，均执行“一般工商业及其他”类用电价格。

客户：好的，我资料都带了。

受理员：我帮您受理，请稍等。请问您还有其他业务需要办理吗？

客户：没有了。

受理员：好的，请带好您的随身物品，再见，请您慢走。

对话场景3　高压企业申请电动汽车充电桩

受理员：您好，请坐，请问您需要办理什么业务。

客户：我们单位买了一块地皮，想建充电桩，怎么办理？

受理员：请问你们是经营性质还是自建自用？

客户：我们是经营的。

受理员：好的，这是“高压企业充电桩申请一次性告知书”，您需要准备：①用电人有效身份证明（包括营业执照或组织机构代码证，经营性充换电报装，营业执照经营范围中应包含开展电动汽车充换电业务)；②固定车位产权证明或产权单位许可证明（包括土地或房产证明)；③充电桩技术参数；④市新能源汽车推广办备案批复（高压及经营性必需）；⑤高压用户负责充换电设施外线接入部分所涉及的政策处理、市政规费、青苗赔偿。提供以上资料您就可以申请办电。

客户：请问这个电费是怎么计算？

受理员：您的充电桩执行大工业用电价格，根据国家规定，2025年前暂免征收基本电费，用户可选择执行峰谷分时电价，选定后在12个月之内应保持不变，其中电压等级不满1千伏的，每千瓦时电价参照1~10千伏标准执行。

客户：申请后你们什么时候能来看现场给我个答复呢？

受理员：在受理您的申请后，我们的工作人员将在2个工作日内完成现场勘查，自受理日起高压单电源客户10个工作日内，双电源客户20个工作日内完成答复供电方案；在受理竣工验收后，5个工作日内完成竣工验收，在竣工验收合格后5个工作日完成装电能表接电。

客户：好的，我今天来咨询一下，下午回去准备资料再来申请！

受理员：好的，这是一次性告知书、申请表以及客户联系卡，请收好。请问您还有其他业务需要办理吗？

客户：没有了。

受理员：好的，请带好您的随身物品，再见，请您慢走。

对话场景4　充电卡办理

受理员：您好，请坐，请问您需要办理什么业务？

客户：我想来办一张充电卡的。

受理员：充电卡分为实名制和非实名制两种，请问您需要办理哪一种？

客户：有什么区别吗？

受理员：实名充电卡具有充值、充电、解灰、解锁、挂失、补卡、销卡退费、查询功能，可反复充值，不能透支，不计利息，可与“E 充电” App 电子账户进行关联，余额不能超过 5000 元。非实名充电卡不可换卡、挂失、销卡退费，余额不能超过 1000 元，其余功能和实名充电卡一致。非实名充电卡可实名化。

客户：那我办一张实名卡。

受理员：办理实名充电卡，个人客户需提供本人身份证或护照原件，单位客户需提供加盖公章的营业执照及法人身份证复印件，如为代办人办理，还需提供授权书及代理人身份证原件，所有证件均须扫描上传至车联网平台核验；办理非实名充电卡无须

注：国家电网有限公司充电设施已实现“一卡通”，即国家电网有限公司发售的充电卡能跨市、跨省充电。

提供任何证件。

客户：好的，我就自己个人办，资料我都带来了。

受理员：请稍等，我现在为您办理。盐城目前共有3个营业厅可以办理充电卡，分别是市区本部供电营业厅、开发区供电营业厅、大丰区供电营业厅。

客户：这个充钱是怎么充的？

受理员：客户开卡，每张卡须首次充值不少于100元。

客户：好的，我知道了，那这个卡在高速服务区怎么用？

受理员：目前服务区快充站主要采用用户自助为主的方式，电动汽车用户通过使用充电卡，或在线支付方式在快充站进行自助充电。

客户：如果充电期间遇到问题怎么办？

受理员：用户遇到充电问题时，可拨打各充电站告示牌上的服务咨询电话，工作人员会及时为用户提供帮助。具体收费方式包括：①用户可到供电公司指定营业厅购买充电卡，充值后用于电动汽车充电付费；②通过“E充电”App账号密码，二维码等方式实现在线支付。

客户：江苏有多少充电网点啊？

受理员：2014年起，国网江苏省电力有限公司全面加快省内高速公路城际快充网络建设，在京沪高速建成了22座快充站。2016年至2018年在长深、沈海、沪宁等多条高速投运了167座服务区快充站，累计投运高速服务区快充站达到189座，为省内外电动汽车跨城际长距离行驶提供充电保障。具体站点可在“E充电”App查询。

客户：好的，我知道了，谢谢。

受理员：不客气，请问还有什么能帮到您的吗？

客户：没有了。

受理员：好的，请带好您的随身物品，再见，请您慢走。

对话场景5　物业专用变压器供电，地下车库申请充电桩

受理员：您好！请坐！请问您需要办理什么业务？

客户：我想申请个充电桩用电。

受理员：请问您需要申请的具体地址是？

客户：××小区地下车库××号车位。

受理员：小区居民充电桩报装接电需提供的资料：

（1）申请人有效身份证明。

（2）申请人车位产权证明或产权单位许可证明。产权单位许可证明可为以下情形之一：①车位使用权购买证明；②车位租赁协议（租赁期在一年及以上）以及申请人在该小区内的房屋产权证明。

（3）电动汽车购车证明（购车发票、车辆完税证明、车辆转让证明）以及充电桩技术参数资料。

（4）物业出具（无物业管理小区由业委会或居委会出具）同意安装充电桩的证明材料。

客户：地下车库是专用变压器能不能申请？

受理员：原则上在专用变压器范围内是不可以接入公用变压器电源点，在您提供相关申请资料，物业出具同意安装充电桩的证明材料后我们会安排工作人员现场勘查再确定方案［专用变压器供电范围内的充电桩报装，优先找附近的公用变压器电源点为客户办理充电桩接电，供电公司在专用变压器供电区域外为客户新设表箱（投资到表箱），申请时宜单独建户，客户接入路径要符合安全用电的要求，不能与专用变压器接入路径交叉，并有一定的物理隔离。因用户私拉乱接而产生的人身伤害事故，与供电公司无关，如供电公司在用电检查过程中发现充电桩接线有重大安全隐患的，将履行告知义务并有权对其中止供电；距离公用变压器电源点较远的，客户也可与所在区域专用变压器用户（物业公司）协商，经专用变压器用户主体（物业公司）同意并提供相关证明材料后，对专用变压器用户（物业公司）新增计量点，采取加装分电能表或进行定比定量的方式，计量该充电桩用电，电量从专用变压器用户总电能表中扣除，电费由客户委托专用变压器用户（物业公司）代缴代扣。存在转供电加价的，应符合物价、工信等主管部门相关规定，并告知客户因转供电加价而引起的相关法律纠纷与供电公司无关］。

客户：好的。

受理员：请问您还有其他业务需要办理吗？

客户：没有了，谢谢啊！

受理员：不客气，这是我们的客户联系卡，后期您有任何需要可以随时联系我们，请带好您的随身物品，请慢走！

对话场景 6 零散居民低压充电桩申请

受理员：您好，请问您需要办理什么业务？

客户：我家新买一个新能源汽车需要申请用电，需要提供哪些手续？

受理员：请问您是安装在小区内车位里，还是安装在其他固定车位上？

客户：其他固定车位。

受理员：您这边需要提供：①客户有效身份证；②固定车位产权证明或产权单位许可证明；③街道办事处或物业出具同意使用充换电设施及外线的证明材料；④充电桩技术参数资料。这边还需要您填写“用电申请表”。这是“一次性告知书”，请您收阅。

客户：我申请安装后大概什么时候能用到电？

受理员：在受理您的申请后，我们的工作人员将在 1 个工作日内完成现场勘查，自受理之日起 2 个工作日内完成答复供电方案；竣工验收受理后，我们将于 1 个工作日内完成竣工校验；在竣验收合格后当场装电能表接电。

客户：好的，我知道了。

受理员：请问您还有其他业务需要办理吗？

客户：没有了，谢谢啊！

受理员：好的，不客气，这是我们的客户联系卡，后期您有什么问题可以随时与我们联系，请带好您的随身物品，请慢走。

八、可承诺时限

对话场景1　快速抢修及时复电

提供24小时电力故障报修服务，供电抢修人员到达现场的平均时一般为：城区范围45分钟，农村地区90分钟，特殊边远地区2小时。到达现场后恢复供电平均时间一般为：城区范围3小时，农村地区4小时。

对话场景2　获得电力快捷高效

（1）低压客户平均接电时间居民客户5个工作日，非居民客户15个工作日。

（2）高压客户供电方案答复期限：单电源供电10个工作日，双电源供电20个工作日；高压客户装电能表接电期限：受电工程检验合格并办结相关手续后3个工作日。

（3）低压充换电设施受理申请后1个工作日内和客户联系，并到现场勘查；供电方案答复不超过2个工作日；对客户受电工程启动竣工检验的期限不超过1个工作日；受电工程检验合格并办结相关手续后，当日装电能表接电。

（4）高压充换电设施受理申请后2个工作日内和客户联系，并到现场勘查；高压单电源客户供电方案答复不超过10个工作日，高压双电源客户供电方案答复不超过20个工作日；受电工程检验合格并办结相关手续后，装电能表接电不超过3个工作日。

对话场景3　分布式电源项目

受理申请后2个工作日内和客户联系，并到现场勘查；接入系统方案答复的时限为：①第一类分布式电源项目35个工作日其中分布式光伏单点并网项目20个工作日、多点并网项目30个工作日；第二类分布式电源项目60个工作日。②客户工程设计文件和有关资料审核的时限为：第一类分布式电源项目5个工作日；第二类分布式电源项目10个工作日。③电能计量装置安装工作时限为：380伏/220伏接入项目5个工作日；35千伏、10千伏接入项目8个工作日。④启动并网验收调试的工作时限为10个工作日。

九、票据打印

申请所需资料：用电主体资格证明［用电人有效身份证明、法人营业执照或非法人组织机构证明文件（统一社会信用代码），如委托他人办理需同时提供经办人有效身份证明］。

对话场景1　居民个人打印发票

受理员：您好，请坐，请问您需要办理什么业务？

客户：你好，我想打印我家上个月的电费发票。

受理员：好的，请您提供一下户号和身份证。

客户：不好意思，户号我忘记了。

受理员：没有关系，请您出示身份证并提供您家的住址。

客户：好的，身份证给您！

受理员：好的请稍等，根据您的身份证查出来了，和您再核对一下地址：××县××小区×幢×××室，对吗？

客户：是的，帮我打印上个月的电费发票。

受理员：好的，打印好了，请收好发票和您的身份证。您以后如需打印发票也可以在微信公众号和“网上国网”App上操作，这样就不用来回跑了。请问您还有其他业务需要办理吗？

客户：没有了。

受理员：好的，请带好您的随身物品，请慢走！

对话场景2　企业打印增值税发票

受理员：您好，请坐，请问您需要办理什么业务？

客户：你好，我想打印我们单位上个月的电费发票。

受理员：好的，请您提供一下户号和营业执照复印件。

客户：不好意思，户号我没带。

受理员：没有关系，请您出示营业执照复印件我帮您查询。

客户：好的，我有，给您！

受理员：好的请稍等，您再核对一下名称和地址，名称是：××××有限公司，地址是××县×××路××号，对吗？

客户：是的，帮我打印上个月的电费发票。

受理员：我帮您查了一下，您单位增值税信息是空的，请您提供一下单位的增值税信息。

客户：好的，我带了。

受理员：好的，请稍等，您的发票开好了。请问您还有其他业务需要办理吗?

客户：没有了。

受理员：好的，请带好您的随身物品，请慢走!

对话场景3 预存电费打印正式发票

受理员：您好，请坐，请问办理什么业务?

客户：我预存电费为什么不给开正式发票?

受理员：您好，您预交电费时，供电公司的销售业务（即售电）没有实际发生，不符合收入确认的条件，因此在用电客户预存电费时不能直接开具发票，在实际抄表结算电费后，才可开具发票。

客户：房子是租的，你们工作人员说只能开户主名发票，无法开具公司抬头发票，这怎么解决?

受理员：首先因发票和税务系统联网，电费发票抬头只能开具系统中户名即户主名，无法改为租户；其次，您可以签订三方协议办理增值税信息变更。

客户：怎么办理?

受理员：需要您提供双方的主体资格证明材料、租赁协议、授权委托书及被委托人身份证明、三方单位的三方协议、承租方

注：《中华人民共和国发票管理办法实施细则》第二十六条规定："填开发票的单位和个人必须在发生经营业务确认营业收入时开具发票。未发生经营业务一律不准开具发票"。

的开票信息等资料。

客户：我回去准备资料。电费怎么查询？

受理员：您可以通过“网上国网”App、微信、支付宝、供电营业厅、服务电话、95598网站等方式查询电费，推荐您下载“网上国网”App，不仅可以查询电费，还可以通过线上渠道办理业务，进行线上交费、查询日用电量等。

客户：好的，麻烦你帮我下载，回去试试。

受理员：已为您下载好，请问还有其他业务需要办理吗？

客户：没有了。

受理员：好的，这是我们的客户联系卡，后期您有任何需要可以随时联系我们，请带好您的随身物品，请慢走！

十、煤改电的热水热泵

申请所需资料："其他业务申请表"、客户主体资格证明、营业执照、设备技术参数。

对话场景 煤改电电价

受理员：您好，请坐，请问您办理什么业务？

客户：你好，我有个事想咨询一下。我开了家浴室，之前一直是烧的煤炭，现在需要改造成电热锅炉，想问下电价方面的执行政策。

受理员：好的，您说的是关于电力蓄能技术的电价执行。首先电力蓄能技术装置是指整台或整组容量在50千瓦及以上且具备计量条件的电热锅炉、蓄冷冰、水空调，满足条件的除用于居民生活类用电执行二段制分时电价外，用于其他用电的一律执行热水、热泵非工业非优待小于1千伏峰平谷三段制分时电价。请问您设备容量达到50千瓦了吗？

客户：我有两台热泵，每台28千瓦，应该达到了。有具体的电价吗？

受理员：有的，峰时电价1.1141元/千瓦时，时间段是8：00～12：00，17：00～21：00；平时电价0.6664元/千瓦时，时间段是12：00～17：00，21：00～24：00；谷时电价0.2987元/千瓦时，时间段是0：00～次日早晨8：00。

客户：请问是浴室所有用电都执行这个电价吗？

受理员：不是的，电热锅炉部分用电是需要单独计量的。您申请后有工作人员现场勘查后符合条件的会新增一个计量点，单独安装电能表计量该部分用电，其他用电还执行一般工商业电价。

客户：好的，那我需要提供什么资料呢？

受理员：如果您更换设备后的容量增大的话是办理非居民增

容业务，需要提供的资料有客户主体资格证明、营业执照、设备技术参数。

客户：好的，谢谢，我回去准备。

受理员：好的，这是我们的一次性告知书、申请表以及客户联系卡。请问还有其他业务需要办理吗？

客户：没有了。

受理员：好的，请带好您的随身物品，请慢走！

十一、欠费停电用户复电

对话场景1　欠费停电

受理员：您好，请坐，请问您需要办理什么业务？

客户：你好，我家里停电了，想要复电。

受理员：好的，请问户名或者户号有吗？先帮您查询一下。

客户：户号是××。

受理员：好的，请稍等。不好意思让您久等了，感谢您的耐心等待。经过查询，该户×月份产生的电费还未缴纳，属于欠费停电，请您将电费缴纳后我们立刻帮您安排复电。

客户：好的，之前不在家的。交现金可以吗？

受理员：可以的。如果您经常不在家的话这边建议您可以去银行办理电费代扣业务，也可以下载“网上国网”App、微信、支付宝等支付电费。

客户：好的，我等会去办银行代扣吧！电费交好了，什么时候有电啊？

受理员：好的，费用结清后24小时内恢复供电。这边已经联系了复电工作人员，会尽快帮您复电。这是我的联系方式，请您惠存，有任何用电需求请您联系我！

客户：好的，谢谢！

受理员：不用谢，请问还有其他业务需要办理吗？

客户：没有了。

受理员：好的，请带好您的随身物品，请慢走！

对话场景2　客户反映自己所在区域近期经常停电

受理员：您好，请坐，请问您需要办理什么业务？

客户：你好，我家最近经常停电，都说是故障，哪那么多故障？你们供电公司都在干什么，这么多故障？

受理员：您好，请您先不要着急，我帮您查询一下！请问您家庭住址是哪里？

客户：我家在××村×组。

受理员：好的。这边先和您解释一下故障停电产生的原因。故障停电是电力线路、电力设备发生故障造成接地、跳闸而引起的停电。造成故障的主要原因有：一是电力设备遭外力破坏，特别是电力线路附近建筑工地，架手架、水泥泵车等碰线，造成导线伤断，电力通道电缆被野蛮施工挖断等；二是电力线路通道内树木及线路附近超高树木，在雷雨大风季节碰线或树木倒线引起的故障；三是少部分的设备故障；四是农村低压线路故障。部分农村居民户未安装家用剩余电流动作保护器，有些用户以前虽然安装过，但由于考虑自身的方便或家用剩余电流动作保护器已损坏，这部分家用剩余电流动作保护器已退出运行。一旦农户内部线路、设备漏电电流较大时，就会引起线路跳闸，造成停电。这类线路跳闸占农村低压台区线路跳闸的大多数。刚经过查询，您家所在区域最近几次停电是因为有个工地施工挖断电力通道电缆造成的。针对这种原因，供电企业加强了电力设施保护宣传，也与地方政府有关部门联合下发清理整治妨碍电力线路安全树木相关文件，同时加大了电力设备管理力度，尽我们的最大努力减少电力线路故障，保障城乡正常供用电。

客户：好的，那我了解了，谢谢！

受理员：不用谢，请问还有其他业务需要办理吗？

客户：没有了。

受理员：好的，这是我们的客户联系卡，后期您有任何需要可以随时联系我们，请带好您的随身物品，请慢走！

第四部分

热点问题

一、转供电

对话场景　转供电

受理员：您好！请坐！请问您需要办理什么业务？

客户：我们交的电费怎么电价都不一样的？

受理员：请您提供户号或者户名，我们系统内帮您先查询一下。

客户：没有什么户号，我每次都是直接去物业报楼号和房号交费。

受理员：请问您住址是哪个小区？

客户：×××小区。

受理员：好的，根据您提供的信息，您小区房屋属于商业性质，开发商安装的变压器资产未移交给供电公司，所以未装电能表到户，属于转供电终端用户。

客户：转供电是什么意思？

受理员：转供电是指电网企业无法直接供电到终端用户，需由其他主体转供的行为，通常也是代表在供电公司没有独立的用电户号的客户。

客户：怎么知道我们是不是转供电？

受理员：请客户查看自己的电费详单、票据等，电网企业直接供电用户一般有独立的用电户号，电费直接交给供电企业，能获取到电费增值税发票。

客户：能不能申请单独开户？

受理员：在商业楼产权已经分割到户且具备改造条件的情况下，如果全体产权业主达成一致希望供电公司抄表到户，可由开发商或物业公司或业主委员会牵头组织，申请对商业楼进行“一户一表”改造，供电公司将积极配合做好改造方案的制订及相关配套服务工作。

客户：我们不符合“一户一表”改造的怎么办？

受理员：对于不能改造的，2018 年起，国家要求清理违规转供电加价行为，江苏省发文明确，自 2019 年 5 月 1 日起应当按照以下两种收费方式中的一种收取电费：一是按国家和省规定的目录销售电价向终端客户收取电费，变压器和线路损耗通过租金、物业费、水电公摊等协商解决；二是按照转供电主体电压等级目录销售电价顺加不超过 10% 的变压器和线路损耗每月（定期）向终端客户进行预收电费，年底（定期）按照实际损耗多退少补，并予以公示。

客户：我们那个电价怎么查合不合理？不合理电价怎么处理？

受理员：通过“网上国网”App 的查询功能，面向转供电环节的终端用户，能根据终端用户提供的转供电主体信息和终端用户电量电费情况，判断是否存在转供电环节违规加价可能，通过“转供电费码”并进行高、低风险提示。查询结果分为绿码（已享受到电费降价政策）、黄码（疑似未享受到电费减免政策）、红码（未享受到电费减免政策）。

由于由转供方供电，不是由电力公司直接供电，收取的电费电价问题电力公司无权直接干预，所以只能记录客户信息，促请价格主管部门处理。为了更快、更有效地解决问题，客户可直接拨打“12315”（消费者投诉举报专线电话）或“12398”（全国能源监管投诉举报热线）反映。

客户：转供电主体拒不整改，仍加价收取电费，要如何处理?

受理员：转供电工作以政府为主导，转供电方为责任主体，供电企业为协作配合，如发现转供电主体拒不整改，建议优先通过“12358”价格举报热线反映，请政府部门加大执行力度，违规加价等失信行为可能将被价格主管部门纳入全国信用信息共享平台，并进行公示。

客户：供电公司不负责进行整改?

受理员：由于由转供方供电，不是由电力公司直接供电，收取的电费电价问题电力公司无权直接干预，因此只能记录客户信息，促请价格主管部门处理。

客户：好的，那你帮我下载一下“网上国网”App。

受理员：已为您下载好，您可以通过“转供电费码”模块进行查询，请问您还有其他业务需要办理吗?

客户：没有了。

受理员：好的，这是我们的客户联系卡，后期您有任何需要可以随时联系我们，请带好您的随身物品，请慢走!

二、小区电力私拉乱接

对话场景1 擅自引出电源

受理员：您好!请坐!请问您需要办理什么业务?

客户：我们小区老有人从楼上接插座到一楼给电瓶车充电，非常危险，物业也不管，你们供电公司管不管？

受理员：请您提供具体的用电地址。

客户：是×××小区××号楼××单元。

受理员：擅自引出电源，对于此类行为，供电公司现场查实后会下达限期整改要求，如未按期整改，经电力主管部门批准，予以中止供电。请留下您的联系方式，我们会尽快安排工作人员进行现场勘查。

客户：我的电话是××××。

受理员：好的，这边已经登记。请问您还有其他业务需要办理的吗？

客户：没有了。

受理员：好的，这是我们的客户联系卡，后期您有任何需要可以随时联系我们，请带好您的随身物品，请慢走！

对话场景 2　经营场所内部私拉乱接电线等

受理员：您好！请坐！请问您需要办理什么业务？

客户：我们小区内有个活动中心，内部线路乱七八糟，很不安全，而且里面全是老年人，供电公司能不能整改。

受理员：请问具体的用电地址是哪里？

客户：地址是×××××。

受理员：由于房屋内部属于客户资产，按照供用电合同相关规定，供电企业无权处理，应由住建、消防等部门下达整改要求，配合小区物业共同整改，您可以将情况先反映给物业，由物业进行整改。

客户：好的。

受理员：请问您还有其他业务需要办理吗？

客户：没有了。

受理员：好的，这是我们的客户联系卡，后期您有任何需要可以随时联系我们，请带好您的随身物品，请慢走！

对话场景 3　供电公司预收费用是否无偿占用了客户流动资金利息

受理员：您好，请坐，请问办理什么业务？

客户：我去交电费，你们让我交完电费还要预存×××万元，这是怎么回事？

受理员：您好，客户与供电公司签署的电费结算协议是采用的预付费的结算方式，根据《电费结算协议》第三条第一点，用电方为安装负控用户时，当用电方电量余额不足最近一次购电量的20%时，购电装置自动发出警报提示。

由于用电方未及时购电，购电量余额为零时，电器装置将自动跳闸。为保证客户正常用电，工作人员友情提示客户需要进行预缴电费，建议客户预缴最近一次购电量的20%以上。

客户：这笔预缴电费款，是不是无偿占用了我们流动资金利息？

受理员：供电企业预收电费业务没有侵占用电客户的资金利息。根据《企业会计准则》，“预收账款”科目是核算企业按照合同规定或交易双方之约定，而向购买单位或接受劳务的单位在未发出商品或提供劳务时预收的款项。企业在收到这笔钱时，商品或劳务的销售合同尚未履行，因而不能作为收入入账，只能确认为一项负债。这种资金占用属于企业的“无息流动负债”，按现行会计金融法规的相关规定，只是企业正常经营活动中的一个必要环节，不涉及利息的计算与给付。预收费用不等于吸收公众

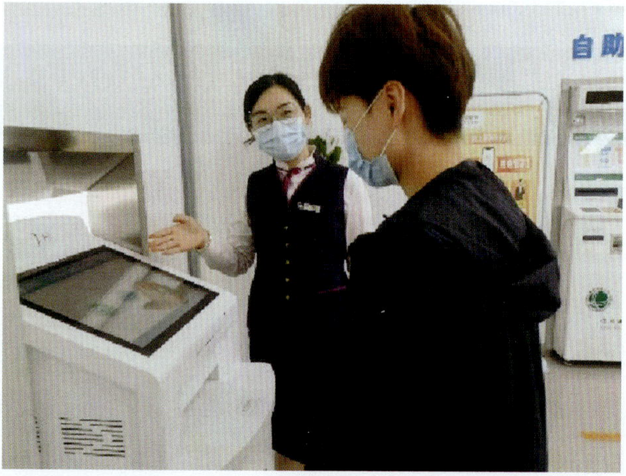

存款，供电公司未经中国人民银行批准也无权吸收存款、支付利息。

客户：明白，一会去交。

受理员：好的，请问还有其他业务需要办理吗？

客户：没有了。

受理员：这是我们的客户联系卡，后期您有任何需要可以随时联系我们，请带好您的随身物品，请慢走！

三、客户密码重置

对话场景　客户密码重置

受理员：您好，请坐，请问您需要办理什么业务？

客户：你好，我想微信公众号绑定我家交电费的户号，需要输入密码，可是我不知道。

受理员：好的，请您提供一下户号和身份证。

客户：身份证给您，户号是××××。

受理员：好的，再和您核对一下名称和地址，名称为×××，地址为××县××小区×幢×××室，对吗？

客户：是的！

受理员：好的，重置后的密码是××××××，请您输入后绑定。

客户：好的，绑定成功了，谢谢！

受理员：请问您还有其他业务需要办理吗？

客户：没有了。

受理员：好的，请带好您的随身物品，请慢走！

四、智能电能表

对话场景1　智能电能表的优点

受理员：您好，请坐，请问办理什么业务？

客户：现在都装智能电能表，和以前的电能表有什么不同？

受理员：与以往的普通电能表相比，智能电能表新增了远程抄表、分时计量、信息交互等新功能，能更好地为用电客户提供准确、详尽、及时的电量计量服务。

客户：用智能电能表对我们老百姓具体有什么好处？

受理员：智能电能表有两大优点：

（1）查询用电情况更方便。智能电能表可以通过采集系统实现自动抄表，客户可以通过“网上国网”App或微信公众号了解最近30天的每日用电情况。

（2）电能表故障处理更及时。通过采集系统在线监测智能电能表运行状态，及时发现并处理计量异常情况，确保电能计量的公平公正。

客户：这两个功能不错。

受理员：是的，推荐您下载“网上国网”App，通过线上渠道办理业务，进行线上交费、查询日用电量等。

客户：好的，麻烦你帮我下载，回去试试。

受理员：已为您下载好，请问还有其他业务需要办理吗？

客户：没有了。

受理员：好的，这是我们的客户联系卡，后期您有任何需要可以随时联系我们，请带好您的随身物品，请慢走！

对话场景2　对电能表计量准确性产生怀疑

受理员：您好，请坐，请问办理什么业务？

客户：我怀疑我家电能表不准，走字快。

受理员：请问您户号或者地址是什么？系统内查询一下

客户：×××××××××××××

受理员：可办理验表业务，请问您是户主本人吗？

客户：是的。这是我身份证。

受理员：信息准确。这是“申请表”，请您签字确认。

客户：好的。什么时候去检测？

受理员：受理申请后，2个工作日内，供电公司将安排进行现场检测。

客户：现场检测不合格呢？

受理员：现场检测不合格，工作人员将拆电能表送实验室，在5个工作日内完成实验室检测，若检测确定不合格，则供电公司按国家发展和改革委员会下发的《供电营业规则》相关规定退补电费。

客户：还有异议怎么办？

受理员：若您对实验室检定结果仍有异议，可申请由省级计量中心对检定过程和数据进行核验，当然，也可以到本地区市场监督管理局指定的法定计量检定机构申请仲裁检定。

客户：了解。

受理员：请问您还有其他业务需要办理吗？

客户：没有。

受理员：这是我们的客户联系卡，后期您有任何需要可以随时联系我们，请带好您的随身物品，请慢走！

对话场景3 更换智能电能表后电费上涨

受理员：您好，请坐，请问您办理什么业务？

客户：你好，我感觉自从安装智能电能表后电费上涨了，你们的智能电能表会不会有问题？

受理员：您先不要着急，我先帮您在系统内查询一下。请问您的户名或者户号是什么？

客户：户名是×××。

受理员：好的，请稍等。

受理员：不好意思让您久等了，感谢您的耐心等候。刚经过查询，上月进行统一的更换智能电能表，智能电能表比机械电能表灵敏度更高、计量更加精确。智能电能表的优点有：①可以通过采集系统实现自动抄表，提高抄表准确率，减少对客户的打扰；②客户可以通过“网上国网”App、95598网站实时了解自己的用电情况；③支持分时电价、阶梯电价等电价政策的执行，可以帮助客户合理选择用电方式、节约用能，有效降低用电费用支出。

客户：是吗？那这个智能电能表准确性能保证吗？

受理员：请您放心，智能电能表在安装到户前，需经过法定计量机构进行全性能试验、抽样试验、入库抽检和全检验收的4道检测流程，对电能表计量的准确性、稳定性进行全方位的考验和测试，确保电能表精准公平计量。如果您还是不放心的话可以申请电能表校验业务，会有工作人员现场和您校验表计。

客户：好的，可我还是感觉电费变多了。

受理员：这种情况有以下几个原因我给您分析一下。

(1) 轮换安装智能电能表时季节、气候的影响，如冬、夏季节，客户空调、取暖电器等的使用可能导致家庭电费的自然增长。

(2) 轮换安装智能电能表后抄表时间可能会推迟，影响了抄表当月的用电量。

(3) 部分居民的用电习惯不科学，如热水器常开因保温因素导致不断起停而不断耗电，同时家用电器的不断老化也会导致耗电量增加。

客户：哦，原来是这样。最近我家热水器用的比较频繁，可能是一直在保温状态，耗电的原因，谢谢你帮我分析，刚说的分时是什么？

受理员：居民用电现在执行的电价是0.5283元/千瓦时，您选择开通后08：00～21：00电价是0.5583元/千瓦时，21：00～次日08：00电价是0.3583元/千瓦时，开通之后一年之内不得变更。

客户：听起来好像还是划算的，那开通需要带什么资料？

受理员：只需要提供户主的身份证。

客户：好的，我带了，正好申请吧！

受理员：好的，分时业务已经受理，当月生效。请问还有其他业务需要办理吗？

客户：没有了。

受理员：好的，这是我们的客户联系卡，后期您有任何需要可以随时联系我们，请带好您的随身物品，请慢走！

对话场景 4　电能表准确性

受理员：您好，请坐，请问您要办理什么业务？

客户：你好，我觉得我家的电费一直比较高，电能表准不准啊？

受理员：您好，请您放心，首先在电能表厂家供货前，江苏省电科院会进行全性能试验、抽样试验等多重严格验收，验收合格后方能供货。电能表到货后，还将使用自动化流水线进行

100%全检验收两道检验关。其次检测合格的电能表在安装前政府计量监督部门要选取10%的电能表进行抽检。所以电能表的准确性还是有保证的。

客户：真的吗？这么严格的话那还是相信你们吧！

受理员：感谢您的信任，我们也将继续为您服务，不辜负您的信任！请问还有其他业务需要办理吗？

客户：没有了。

受理员：好的，这是我们的客户联系卡，后期您有任何需要可以随时联系我们，请带好您的随身物品，请慢走！

对话场景5　电能表本身是否耗电

受理员：您好，请坐，请问您需要办理什么业务？

客户：你好，我想咨询件事，我家长期不住人，已经将家里空气开关拉下了，但是每天还是有少量的电量产生，是不是电能表的用电也接在我家的电能表上啊？

受理员：您好，电能表的显示屏用电是使用的内置电池，不是使用的用户电能表。像您这种情况常见的原因可能是小区采用公共用电均分器，将楼道公共用电设施（如楼道路灯、安保门、电子对讲门铃、监控等）的用电量合理地均摊到每个受益的居民住户的电能表计量电量中，所以会造成家里不用电但是电能表还是有少量的电量产生，从而产生电能表走字走得快、计量不准、供电公司设备用电客户买单等错觉和误解。

客户：哦，还有这种情况吗？那我能申请现场察看一下确认是不是有均分器吗？

受理员：可以，请出示一下户主身份证并填写申请单。

客户：好了！

受理员：好的，业务已经受理，后期会有工作人员和您联系进行现场勘察，请保持手机畅通。请问还有其他业务需要办理吗？

客户：没有了。

受理员：好的，这是我们的客户联系卡，后期您有任何需要可以随时联系我们，请带好您的随身物品，请慢走！

对话场景6 智能电能表使用过程中发生的费用

受理员：您好，请坐，请问您需要办理什么业务？

客户：你好，我家电能表好像出问题了，显示屏上不显示数字了，只有几个字母？

受理员：请问显示什么呢？

客户：我拍了照片，你看。

受理员：好的，电能表上显示的是“ERR－04”，这个错误代码表示的是电能表的内置电池没电了，我们会安排工作人员现场勘查并进行更换。请填写申请单。

客户：好的。这个更换需要我付钱吗？

受理员：不需要，根据《供电营业规则》第七十七条规定：“计费电能表装设后，客户应妥为保护，不应在电能表前堆放影响抄表或计量准确及安全的物品。如发生计费电能表丢失、损坏或烧坏等情况，客户应及时告知供电企业，以便供电企业采取措施。如因供电企业责任或不可抗拒力致使计费电能表出现或发生故障的，供电企业负责换电能表，不收费用；其他原因引起的，客户应负担赔偿或修理费。”但是从 2021 年 3 月 1 日起计量装置赔表费已经取消了，所以智能电能表使用过程中发生故障需要维修、更换的相关费用不需要客户承担。

客户：好的，谢谢！

受理员：不客气，业务已经受理，后期会有工作人员和您联系进行现场勘察，请保持手机畅通。请问还有其他业务需要办理吗？

客户：没有了。

受理员：好的，这是我们的客户联系卡，后期您有任何需要可以随时联系我们，请带好您的随身物品，请慢走！

对话场景 7　小区更换智能电能表

受理员：您好，请坐，请问您需要办理什么业务？

客户：你好，我接到小区物业通知说过几天要换电能表，但是我白天都在上班不在家，想咨询一下换电能表的时候我必须到场吗？

受理员：好的，根据规定供电公司在智能电能表安装过程中，一般提前2~5天通知居民小区物业公司有关负责人，并通过在小区公告栏、住宅楼道口张贴告示等方式，告知客户换装时间，提醒客户核对、确认新老电能表底数，并标明咨询电话方便查询。所以如果您实在不方便可以和工作人员电话联系确认，无须到场。

客户：好的，谢谢。

受理员：不用谢，请问还有其他业务需要办理吗？

客户：没有了。

受理员：好的，这是我们的客户联系卡，后期您有任何需要可以随时联系我们，请带好您的随身物品，请慢走！

对话场景8　电压偏高是否导致电能表计量不准确

受理员：您好，请坐，请问您需要办理什么业务？

客户：你好，我找了个电工测了我家电压偏高，这个电压高会不会导致电能表走得快，电费增多啊？

受理员：您好，我国居民供电电压额定值为220伏，电压不可能完全恒定，国家规定的允许波动范围是-10%~+7%，供电电压值是政府主管部门考核电力公司供电质量的一个重要指标。电能表作为国家规定的计量设备，就像一杆秤，用于称量供电和用电双方交换的商品——电，在可接受的电压范围内其计量准确度应符合国家规定的标准，也就是说，在其可工作的电压范围内，都能准确地测量出电器设备实际消耗的电能。其测量值反映的是电器设备的实际用电量，不会因为电压合理的波动而产生错误计量，当然不存在多计电量的问题，这个要求适用于所有机械式电能表、电子式电能表、智能电能表，国家计量主管部门会监管，我们不需要担心这个问题。

客户：但是电压大不是会导致负荷也变大吗？

受理员：有些电器功率会随电压相应增大，导致用电负荷增大，但电能表仍然在正常准确计量。比如热水器烧一壶水，原来需要 10 分钟烧的水，功率高了只需要 9 分钟多就烧好了，但是最终电量不会增多，因为电量是功率和时间的乘积，功率增大但是时间会缩短，最终消耗的电量基本一致。

客户：哦好的，明白了，谢谢！

受理员：不用谢，请问还有其他业务需要办理吗？

客户：没有了。

受理员：好的，这是我们的客户联系卡，后期您有任何需要可以随时联系我们，请带好您的随身物品，请慢走！

对话场景 9　电量纠纷的处理

受理员：您好，请坐，请问您需要办理什么业务？

客户：我家前几个月电能表换了，发现近期电费比以前高很多，你帮我看下是什么原因？

受理员：好的，麻烦您提供户号（交费发票或交费卡）和身份证明。

客户：好的，我家户号是“320×××××××”，这是我的身份证。

受理员：好的，请您稍等。经系统查询，您家上个月电费的确比以前高。麻烦您提供下手机号码，这边帮您登记一下，之后我们会安排工作人员到现场勘查表计后处理。

客户：好的，谢谢。

受理员：不客气，请问您还有其他业务需要办理吗？

客户：没有了。

受理员：好的，这是我们的客户联系卡，后期您有什么问题可以随时与我们联系，请带好您的随身物品，请慢走。

五、电价电费

对话场景 1　居民阶梯电价

受理员：您好，请坐，请问您需要办理什么业务？

客户：您好，我想咨询一下电费发票上的电费组成情况，为什么这个月电费这么高？

受理员：您好，请您提供下电费发票，或者提供您的客户编号，我帮您查一下。

客户：我在手机微信上看的，没发票，我家户号是“320××××××××××”，请帮我看看。

受理员：好的，请您稍等，我帮您查询一下。经营销系统查询，本月电费×××元，这是核查票，您看您哪里不太清楚地，我为您解答。

客户：这个上面的基数是什么？后面又是加价 0.3 元，我看不懂为什么加价？

受理员：基数是居民阶梯电价的每个阶段基数，加价 0.3 元是因为您家用电已经超过了居民阶梯电价的第三挡，超过的每度电加收 0.3 元，所以电费就高了。

客户：阶梯电价是什么意思？

受理员：江苏省自2012年7月份对“一户一表”的城乡居民用电户实施阶梯电价。居民阶梯基数分为三挡：第一挡，230千瓦时/月及以内，维持现行电价标准，年累计2760千瓦时；第二挡，231千瓦时/月~400千瓦时/月，年累计4800千瓦时，在第一挡电价的基础上，每千瓦时加价0.05元；第三挡，高于400千瓦时/月部分，在第一挡电价的基础上，每千瓦时加价0.3元，结算周期按年计算。您目前的年累加用电量已经超过了第三阶梯，所有超过的电量加价0.3元/千瓦时。

客户：我知道了，那就没有什么优惠政策吗？

受理员：您好，目前优惠政策有一户多人口用电基数调整，请问您家总共几口人？在同一个户口本吗？

客户：我们家共5口人，在同一本户口本上。

受理员：好的，您是可以办理优惠的，根据最新的阶梯电价政策，5人及以上的家庭可申请每户每月增加100千瓦时（度）阶梯电量基数；7人及以上的家庭，可选择申请执行居民合表电价，不执行阶梯和分时电价。您目前符合每月增加100千瓦时（度）阶梯电量基数政策，可以申请办理增加基数。

客户：那太好了，那请问怎么办理？

受理员：您好，您需携带房屋产权证明材料原件、户号或电费发票、户口簿原件、房屋产权人身份证原件、户籍内及所有居住人口的身份证原件和居住证等。准备好以上材料就可以到我们供电营业厅申请办理了。

客户：好的，那我顺便问一下，这个7口人的优惠政策具体是什么？

受理员：居民家庭人口达7人（含7人）后，可选择执行居民合表电价（0.5483元/千瓦时），不执行阶梯同时也不执行分时电价；也可选择执行每月增加100千瓦时阶梯电量基数政策，执行阶梯和分时电价。

客户：好的，谢谢你，那我家以前办过峰谷分时电价，跟这个冲突不冲突啊？

受理员：如果您选择执行每月增加100千瓦时阶梯电量基数政策是不冲突的。江苏阶梯电价实施范围是实行“一户一表”的城乡居民用电户，以年12个月为周期执行，按照“先分时、后阶梯”的原则计算电费。每年首次抄表结算时，完成对上一年度阶梯电量及低保户免费电量清算，跨年不转结；即双月交费用户的结算周期为上一年的2月至下一年的1月，单月用户为上年的1~12月；但是如果您家庭人口达到7人且选择执行居民合表电价（0.5483元/千瓦时），是不执行阶梯同时也不执行峰谷分时电价。

客户：好的，我回去准备材料过来办理。谢谢！

受理员：不客气，这是我们的一次性告知书、申请表以及客户联系卡，后期您有任何需要可以随时联系我们，请带好您的随身物品，请慢走！

对话场景2　2021年江苏省电价调整

受理员：您好，请坐，请问您需要办理什么业务？

客户：我家开的门市，听说门市电价降了，具体怎么降的？

受理员：是的，江苏省自2021年1月1日起，一般工商业及其他用电类别目录电价降低了0.0051千瓦时，现在非居民用电电价为0.6664元，这是我们最新的电价目录表，具体您也可以下载我们的“网上国网”App，里面有个信息公示模块，您可以随时查看最新用电政策，了解您的用电情况，既方便又快捷。

客户：好的，谢谢。

受理员：不客气，请问您还有其他业务需要咨询或者办理吗？

客户：没有了。

受理员：好的，这是我们的客户联系卡，后期您有任何需要可以随时联系我们，请带好您的随身物品，请慢走！

对话场景3　大工业电价

受理员：您好，请坐，请问您需要办理什么业务？

客户：我是专用变压器用户，想看看最近电价是否有调整？

受理员：是的，电价有调整，大工业用电按类别目录电价最高降低0.065元/千瓦时，自2021年1月1日起峰谷电价不再沿用原计算法则，而采取原电价水平上直接下调的模式，谷电价较峰电价和平电价多降0.02元/千瓦时，这是我们最新的电价目录表，具体您也可以下载“网上国网”App，里面有个信息公示模块，您可以随时查看最新用电政策，了解您的用电情况，既方便又快捷。

客户：好的，我这就下载。还想咨询一下大工业尖峰电价是什么意思？

受理员：近年来，由于我省电力消费始终保持高速增长的强劲势头，时段性电力紧缺情况发生频繁，一般在夏冬两季每天10：00～11：00、14：00～15：00出现峰中之尖，对全网电力平衡形成了巨大的挑战。从负荷构成情况看，我省的工业经济较为发达，工业用电负荷量大，占电网总负荷的比重较高，一旦发生气温骤热或持续高热、发电机组故障临停、区外来电能力下降等突发事件，负荷供给将出现巨大压力，电网供需平衡面临极大风险。尽管通过有序用电管理能够有效保障电网运行安全，但供需矛盾依然会对工业生产造成一定的影响，组织协调实施的难度也在不断增大。通过实施季节性尖峰电价政策，丰富电网调节手段，充分运用价格杠杆，引导电力客户主动参与削峰填谷，对缓解电网运行压力、保障工业生产、优化能源配置具有十分重要的作用。

客户：尖峰电价执行时段、电价是什么？

受理员：2021年7月1日00：00至7月14日24：00执行原尖峰电价政策，即每日10：00～11：00时段用电量，在峰电价基础上，每千瓦时加价0.1元。7月15日00：00至8月31日24：00执行新尖峰电价政策，即每日14：00～15：00时段由原平段改为峰段电价，每千瓦时再加价0.1元；每日17：00～19：00由峰段改为平段；每日21：00～22：00由平段改为峰段。

客户：温度触发条件是什么？

受理员：温度触发条件，2021年7月1日00：00至7月14日24：00执行原尖峰电价政策，日最高气温超过35℃；7月

15 日 00：00 至 8 月 31 日 24：00 执行新尖峰电价政策，日最高气温达到或超过 35℃。具体以中央电视台一套每晚 19 点新闻联播节目后天气预报中发布的南京次日最高温度为准，次日予以实施。不符合实施条件的日历天，尖峰段电价执行峰段电价。

客户：好的，我是××企业，我们单位是否需要执行大工业尖峰电价？

受理员：请您稍后，我帮您查一下。××企业是 315 千伏安及以上大工业客户，需执行季节性尖峰电价政策。

客户：知道，谢谢！

受理员：请问您还有其他业务需要办理吗？

客户：没有，谢谢！

受理员：不客气，这是我们的客户联系卡，后期您有任何需要可以随时联系我们，请带好您的随身物品，请慢走！

对话场景 4 供电公司收取的其他费用

受理员：您好，请坐，请问您需要办理什么业务？

客户：你好，我想咨询一下，目前除了电费，供电公司还收取那些费用？

受理员：您好，至 2021 年 3 月 1 日起费用项目调整，取消了向用户收取移表费、计量装置赔偿费、环境监测费、高压电缆介损试验费、高压电缆震荡波试验费、低压电缆试验费、低压计量检测费、互感器试验费、网络自动化费、配电室试验费、开闭站集资费、调试费、保护定值整定计算费、带电作业费等类似名目费用。目前除了电费，营业厅柜台仅收取双电源高可靠性费用和违约使用电费。

客户：好的。

受理员：请问还有其他业务咨询或办理？

客户：没有，谢谢！

受理员：不客气，这是我们的客户联系卡，后期您有任何需要可以随时联系我们，请带好您的随身物品，请慢走！

对话场景5　功率因数执行标准

受理员：您好，请坐，请问您需要办理什么业务？

客户：您好，我单位电费里有功率因数电费，想咨询一下功率因数按什么标准执行？

受理员：功率因数调整用户，功率因数分为0.80、0.85、0.90三个执行标准，适用范围分别如下：

（1）0.80：100千伏安（千瓦）及以上的农业户和趸售客户。

（2）0.85：100千伏安（千瓦）及以上的其他工业客户（包括社队工业客户）、非工业客户、电力排灌站。

（3）0.90：160千伏安以上的高压供电工业客户（包括社队工业客户），装有带负荷调整电压装置的高压供电电力客户，3200千伏安及以上的高压供电电力排灌站。

客户：我们单位变压器容量正好是160千伏安，是执行0.85还是0.9呢？

受理员：160千伏安高压供电工业客户的功率因数标准值为0.85，而不是0.90。

客户：好的，谢谢。

受理员：不客气，请问还有什么业务需要咨询或者办理的吗？

客户：没有了。

受理员：好的，这是我们的客户联系卡，后期您有什么问题可以与我们联系。请带好您的随身物品，请慢走！

六、特殊客户问题

对话场景1　业务手续引发客户不满

受理员：您好，请坐，请问您需要办理什么业务？

客户：我想打印我家近期的电费发票。

受理员：好的，麻烦您提供户号（交费发票或交费卡）和身份证明。

客户：户号是×××，但是我没带身份证。

受理员：您好，经过查询，户号为×××的电费户名是开发商，还不是您个人，麻烦您携带房产证以及身份证原件来我们营业厅办理。

客户：怎么这么麻烦？直接打印给我不行吗？

受理员：您好，规范的手续可以更好地保障您的用电权益，让您安心用电，放心交费，也能保护您的个人隐私对吧！您也不希望他人可以查询您家的用电情况吧？

客户：好吧，那我回去拿材料。

受理员：好的，这是我们的一次性告知书、申请表以及客户联系卡，后期您有任何需要可以随时联系我们，请带好您的随身物品，请慢走！

对话场景 2　客户不合理诉求未满足引起不满

受理员：您好，请坐，请问您需要办理什么业务？

客户：我想办理家庭五口人的用电基数增加业务。

受理员：好的，麻烦您提供房屋产权证明材料原件、户号或电费发票、户口簿原件、房屋产权人身份证原件、户籍内及所有居住人口的身份证原件和居住证。

客户：户号是×××，但是我爸妈户口不在我这边，人住在一起，不能办吗？

受理员：您好，居民家庭人口数量以公安部门颁发的户口簿或江苏省居住证为依据（居住证须在有效期内）。

客户：怎么这么麻烦？他们才过来，还没办理居住证呢！

受理员：您父母是过来帮子女照顾小孩的，是吧。其实办理居住证不麻烦，之前有客户办理过。而且这个政策是省物价局制定的，我们只能按照规定执行，希望您能理解，谢谢。

客户：好吧，那我回去办理居住证。

受理员：好的，这是我们的申请表以及客户联系卡，后期您有任何需要可以随时联系我们，请带好您的随身物品，请慢走！

对话场景3 客户直接要求找领导

受理员：您好，请坐，请问您需要办理什么业务？

客户：我要找你们领导。

受理员：好的，请问您是有什么事情要反映吗？看您这么着急，您先跟我说说看，指不定我能快点帮您解决问题呢？

客户：你能解决什么？我要找领导。

受理员：您先不要着急，我相信您找领导也是为了解决问题，您把具体情况告诉我，我能处理的一定会在更快的时间内处理，请您放心。

客户：好的，那我就和你说吧！

受理员：感谢您的信任！

对话场景4 非职责范围内首问负责

受理员：您好，请坐，请问您需要 办理什么业务？

客户：我之前在××单位做电工，现在辞职了，要解除电工证挂靠。

受理员：好的，您的这个业务需要到客户经理哪里直接办理。请您稍等，我帮您联系一下！

客户：好的。

受理员：不好意思让您久等了！我刚联系了客户经理，他办公室在××楼×××室，这是他的联系电话。请您带好资料联系他。

客户：好的，谢谢！

受理员：不用客气！请问还有其他业务需要办理的吗？

客户：没有了！

受理员：好的，这是我们的联系卡，如果有什么问题，您也可以打电话给我们。请带好您的随身物品慢走！

对话场景5　遇到无法独立解决的问题

受理员：您好，请坐，请问您需要办理什么业务？

客户：我想咨询×××。

受理员：您好，不好意思，我是新来的实习生，您询问的业务请我们专员帮您解决，请您稍候。

客户：好的。

受理员：不好意思让您久等了……

客户：好的，谢谢！我了解了！

受理员：不用谢，请问您还有其他业务需要咨询或者办理的吗？

客户：没有了！

受理员：好的，这是我们的客户联系卡！请带好您的随身物品慢走！

对话场景6　客户有投诉倾向

受理员：您好，请坐，请问您需要办理什么业务？

客户：我有个单位的公房，几户人家合用的一台电能表，现在什么阶梯电价导致我们电费高的不得了，我们现在要一家装一台电能表。

受理员：好的，请问有房产证明吗？

客户：没有房产证，当时都是单位分的，一家一间房。

受理员：不好意思，现在居民开户是需要房产证明的，一户一表。没有房产证明暂时开不了户。

客户：那我们怎么办？电费那么高，你们投诉电话多少？

受理员：您先别着急，您来肯定是想解决问题的，对吧，虽然这个业务无法办理，我们可以帮您想想，还有没有其他变通的方法。

客户：能有什么办法？

受理员：您也是因为几户合用一台电能表导致年用电量会超过阶梯电价，造成后期电价会涨价是吗？

客户：是的。

受理员：您是几家合用一台电能表，我们可以申请调整电价，执行城镇居民合表电价。

客户：电价是多少钱1千瓦时？

受理员：居民合表电价是0.5483元/千瓦时，不执行阶梯，但是也不执行峰谷分时了。您看可以吗？可以的话我就帮您办理。

客户：0.5483元/千瓦时，不管用多少都是这个价格吗？

受理员：是的。

客户：那好吧，那我申请。

受理员：好的，请填写申请单。

客户：好了。

受理员：好的，已经帮您办理，需经工作人员现场核实后就会帮您调整电价，所以请保持手机畅通，我们现场工作人员会和您联系。

客户：好的，谢谢。

受理员：不用谢，请问还有其他业务需要办理吗？

客户：没有了！

受理员：好的，这是我们客户联系卡，请收好！请带好您随身物品慢走！

对话场景 7　遇到故障无法受理业务

受理员：您好，请坐，请问您需要办理什么业务？

客户：我办理峰谷分时业务。

受理员：您好，很抱歉，目前我们系统故障导致无法办理业务，您看方便下载“网上国网”App 吗？我帮您注册绑定好用户编号后您可以等系统恢复后直接线上办理，这样也不用您再来营业厅一趟。

客户：好的，那你帮我下载吧！

受理员：好的。您好已经下载绑定好了，稍后系统恢复您可以直接选择“峰谷电变更”进行开通峰谷电。

客户：好的，谢谢！我了解了！

受理员：不用谢，请问您还有其他业务需要咨询或者办理的吗？

客户：没有了！

受理员：好的，这是我们的客户联系卡！请带好您的随身物品慢走！

对话场景8　因工作失误向客户致歉

受理员：您好，请坐，请问您需要办理什么业务？

客户：我这个月电费怎么还没产生的，我要交费和租客交接！

受理员：您好，不好意思请稍等，我帮您查询一下。请问您用户编号是多少？

客户：户号是×××

受理员：好的。您好，这边帮您查询了，因为我们系统升级所以电费发行有点问题，暂时还没有解决。请您先消消气，我们马上请专职解决！

客户：大概多久能好！

受理员：这样我们加紧发行，您留个电话号码，电费一发行我们就和您联系可以吗？

客户：好的，最好就这两天！我等你们电话，我的电话号码是×××××。

受理员：好的，再次向您抱歉！请您慢走！

对话场景9　离岗或其他行为造成客户等待的说明

客户：你好，我要办理业务。

受理员：不好意思，请您稍等一下，我在接听用户电话，您请先坐，我稍后为您办理好吗？

客户：好的。

受理员：您好，请坐，很抱歉让您久等了，我这就为您办理！请问您需要办理什么业务？

客户：我要办理峰谷电分时。

受理员：好的，请提供户主身份证并填写申请表。

客户：好了。

受理员：好的，峰谷电分时业务已经办理好了。请问还有其他业务需要办理吗？

客户：没有了。

受理员：好的，那请您带好随身物品，请慢走！

对话场景10　客户反映高压线噪声问题

受理员：您好，请坐，请问办理什么业务？

客户：你好，我家门口的变压器/高压线发出很大的嗡嗡声，是什么原因？

受理员：供电设备是严格按照国家规定生产的，出厂前要进行噪声测试，出厂的设备噪声标准要符合《中华人民共和国环境保护法》及《中华人民共和国环境噪声污染防治条例》规定。

根据我们的了解，客户所反映的噪声问题一部分和居民的居住环境有关系（不同环境噪声标准不一样）。有些居民居住靠近小区的路边或靠近商铺人群来来往往，加上设备正常的声音，现场可能比较嘈杂。

客户：我觉得变压器/高压线噪声超标，该如何解决？

受理员：如果您对噪声问题有意见，我们将按照要求进行测试，务必满足《中华人民共和国环境噪声污染防治条例》的规定，力争让居民满意。

客户：好的，谢谢！

受理员：不客气，请问还有什么业务需要咨询或者办理的吗？

客户：没有了。

受理员：好的，这是我们的客户联系卡，后期您有什么问题可以与我们联系。请带好您的随身物品，请慢走！

各类噪声标准适用区域：

（1）适用于疗养区、高级别墅区、高级宾馆区等特别需要安静的区域，位于城郊和乡村的这一类区域按昼间 50 分贝，夜间 40 分贝。

（2）适用于以居住、文教机关为主的区域。乡村居住环境可按昼间 55 分贝，夜间 45 分贝。

（3）适用于居住、商业、工业混杂区可按昼间 60 分贝，夜间 50 分贝。

（4）适用于工业区可按昼间 65 分贝，夜间 55 分贝。

（5）适用于城市中的道路交通干线道路两侧区域，穿越城区的内河航道两侧区域昼间 70 分贝，夜间 55 分贝。

对话场景 11 客户反映高压线位置问题

受理员：您好，请坐，请问办理什么业务？

客户：你好，我家住××小区，小区门口安装了高压线电线杆，希望协调重建方案移走电线杆或者将电线杆埋到地下，请问可以处理吗？

用电业务办理告知书

迁址

尊敬的电力客户：

欢迎您到国网江苏省电力有限公司办理用电业务，请您仔细阅读以下内容。

① 业务办理流程

业务受理 → 勘查答复方案 → 验收送电 → 结束

② 业务申请所需资料

业务环节	序号	资料名称	线上		线下	
			类型	是否必备	类型	是否必备
业务受理环节	1	其他业务申请单	电子	是（自然人客户系统自动生成）	纸质	是（系统生成、客户确认）
	2	房屋产权所有人有效身份证明	电子	是	纸质	是
	3	新老地址的房屋产权证明	电子	是	纸质	是
	4	非居民客户主体证明，包括：法人代表有效身份证明、经加盖单位公章的营业执照（或组织机构代码证，宗教活动场所登记证，社会团体法人登记证书，军队、武警出具的办理用电业务的证明等）	电子	以法人或其他组织名义办理必备	纸质	以法人或其他组织名义办理必备
	5	（1）授权委托书 （2）经办人有效身份证明	电子	委托代理人办理时必备	纸质	委托代理人办理时必备

③ 其他注意事项

1. 原址按终止用电办理，供电企业予以销户。
2. 迁移后的新址不在原供电点供电的，新址用电按新装用电办理。
3. 供电企业在受理客户迁址业务申请后3个工作日内完成现场勘查。
4. 迁址引起的客户内部工程，由客户自行委托有资质的单位实施。
5. 迁移后的新址仍在原供电点，但新址用电容量超过原址用电容量的，超过部分按增容办理。

受理员：电力设施是民生基础设施，与老百姓的日常生活密切相关，为了满足城市规划、百姓用电、环境友好、经济高效等要求，电力设施的位置都会经过科学的综合论证，并经政府城市规划等相关各部门的审批，与房屋建筑设施等都留有符合国家要求的安全距离。您反映的小区门口的电力设施一般不会对居民生活造成影响。

电力公司对电力设施的迁移，有严格规定和详细的流程，随意迁移可能会扰乱政府城市规划，给百姓民生、公共生活等造成影响，也会造成严重的资源浪费；为避免影响社会公共生活，供电企业会继续在法规框架下，认真做好这方面的工作。

客户：好的，谢谢！

受理员：不客气，请问还有什么业务需要咨询或者办理的吗？

客户：没有了。

受理员：好的，这是我们的客户联系卡，后期您有什么问题可以与我们联系。请带好您的随身物品，请慢走！

对话场景 12　青苗补偿问题

受理员：您好，请坐，请问办理什么业务？

客户：你好，供电公司施工造成我家青苗损坏，请问现在找谁处理？

受理员：您好，请问是什么时间？什么地点？什么人？什么工程项目施工造成青苗损坏？

客户：××××年××月××日××人在××地方××工程

项目施工。

受理员：我已详细记录情况，我们工作人员核实后会尽快联系您。如确实是供电企业施工造成青苗损坏，政策处理工作人员将和您确定青苗损坏面积，根据损坏青苗种类，依据各地政府制定的补偿标准，双方在确认数量和补偿标准后签字，补偿金发放到产权所有人手里。

客户：好的，谢谢！

受理员：不客气，请问还有什么业务需要咨询或者办理的吗？

客户：没有了。

受理员：好的，这是我们的客户联系卡，后期您有什么问题可以与我们联系。请带好您的随身物品，请慢走！

对话场景 13　客户反映未移走废旧电杆

受理员：您好，请坐，请问办理什么业务？

客户：你好，我家附近废旧电杆未被移走，存在安全隐患，怎么处理？

受理员：请问是什么地方有废旧电杆未被移走？

客户：××地点。

受理员：好的，供电企业将在电网改造工作完全结束后的既定工作日内完成废旧电杆的清除。如果是农田作物生长期，供电企业会在作物收割后进行电杆清除；部分废旧电杆上虽然高压电线已清除，但仍有通信、有线电视等弱电线路尚在运行，需待相关弱电线路完成拆除后，方可进行废旧电杆的清理。我们将尽快安排工作人员核实是否是供电公司资产的废旧电杆，如果确实是供电公司的资产，我们会安排人员处理。

客户：好的，谢谢！

受理员：不客气，请问还有什么业务需要咨询或者办理的吗？

客户：没有了。

受理员：好的，这是我们的客户联系卡，后期您有什么问题可以与我们联系。请带好您的随身物品，请慢走！

对话场景 14　变电站、变压器等供电设施电磁辐射问题

受理员：您好，请坐，请问办理什么业务？

客户：你好，我家附近新建了××变电站/变压器等供电设施，有没有电磁辐射呢？

受理员：根据 GB 8702—2014《电磁环境控制限值》，电磁辐射是指“能量以电磁波的形式通过空间传播的现象”。电磁辐射能量的大小与波源的频率有关，频率越高，波长越短，就越容易形成电磁波在空间传播产生电磁辐射，危害也就越大。

我国使用的电能频率，只有 50 赫兹，属于极低的频率，从理论上讲输变电设施向空中辐射电磁波的能力是极其微弱的，对

环境和人体的影响是完全可以忽略不计的；实际生活中，输变电设施的电场、磁场强度更是远低于国家标准，对人体的生物效应微乎其微。

客户：好的，谢谢！

受理员：不客气，请问还有什么业务需要咨询或者办理的吗？

客户：没有了。

受理员：好的，这是我们的客户联系卡，后期您有什么问题可以与我们联系。请带好您的随身物品，请慢走！

对话场景 15　电网建设过程中政策处理的依据

受理员：您好，请坐，请问办理什么业务？

客户：你好，电网建设过程中，政策处理的依据是什么？

受理员：《中华人民共和国电力法》第十六条规定："电力建设项目使用土地，应当依照有关法律、行政法规的规定办理；依法征收土地的，应当依法支付土地补偿费和安置补偿费，做好迁移居民的安置工作。电力建设应当贯彻切实保护耕地、节约利用土地原则。地方人民政府对电力事业依法使用土地和迁移居民，应当予以支持和协助。"各条例、法规未确定具体的补偿标准，补偿标准由各级政府根据地方实际情况相结合，制定各地区的补偿标准。

客户：好的，谢谢！

受理员：不客气，请问还有什么业务需要咨询或者办理的吗？

客户：没有了。

受理员：好的，这是我们的客户联系卡，后期您有什么问题可以与我们联系。请带好您的随身物品，请慢走！

对话场景16 线路保护区域内的树木修剪补偿问题

受理员：您好，请坐，请问办理什么业务？

客户：你好，供电公司修剪我家树木造成损失，请问现在怎么处理？

受理员：您好，《江苏省电力条例》中第三十六条中明确规定，"在电力线路保护区内，已有的经过修剪的植物经自然生长后可能危及电力设施安全的，所有人或者管理人应当及时修剪。所有人或者管理人经电力企业通知后在合理期限内仍未修剪的，电力企业可以进行修剪，并不补偿修剪植物的相关费用。

在自然灾害等不可抗力及其他紧急情况下，对可能危及电力设施安全的植物，经所有人或者管理人采取其他措施仍不足以消除安全隐患的，电力企业可以修剪或者砍伐；事后电力企业应当及时将采伐情况报林业或者城市绿化主管部门备案。

涉及古树名木和其他濒危、稀有植物的，应当按照法律、法规的有关规定执行。"

客户：好的，谢谢！

受理员：不客气，请问还有什么业务需要咨询或者办理的吗？

客户：没有了。

受理员：好的，这是我们的客户联系卡，后期您有什么问题可以与我们联系。请带好您的随身物品，请慢走！

对话场景 17 电力线路下方不准建房、植树

受理员：您好，请坐，请问您需要办理什么业务？

客户：为什么电力线路下方不准建房、植树？

受理员：您好，在电力线路保护区内违章建房、植树造林，会造成电力线路停电及电力生产安全事故，给人民生命财产和电力生产安全造成危害。

客户：发现这些情况怎么处理？

受理员：如果您发现有违建房屋、种植高杆树木的情况，可以拨打我们营业厅的电话×××××或者与辖区管理人员联系，并告知电力线路所在位置或电力线路的杆号，供电部门会安排工作人员进行处理或登录微信公众号“国网江苏电力”，使用电力设施保护有奖举报功能，上传隐患照片并选择隐患类别推送给供电部门，获取电费充值奖励。

客户：好的，谢谢！

受理员：不客气，请问还有什么业务需要咨询或者办理的吗？

客户：没有了。

受理员：好的，这是我们的客户联系卡，后期您有什么问题可以与我们联系。请带好您的随身物品，请慢走！

对话场景18 居民客户办理阶梯电价

受理员：您好，请坐，请问您需要办理什么业务？

客户：我家孩子在县城读书，爷爷奶奶也过来一起住，用电量很大，你看有没有什么电价政策帮我减轻电费负担吗？

受理员：您好，有的，这是“居民阶梯用电告知书”，您看一下。

客户：好的，谢谢。

受理员：您家庭所有人的户籍所在地跟新房一致吗？这边需要您提供的材料要与您新房的用电地址一致。

客户：我一家三口户口都在县城，爷爷奶奶户籍跟我们不在一起，是外县的，可以办理吗？

受理员：您好，可以，您只需到您新房所在的公安部门帮爷爷奶奶办理一份居住证就可以了。

客户：好的，那我回去问问。

受理员：好的，您下次来办理的时候需提供：用电户号（电费缴费卡、或近期电费发票）、与用电地址一致的房产证明原件、与用电地址一致的户口簿原件（爷爷奶奶的居住证明也可以）、房屋产权人身份证原件、户籍内所有居住人口身份证明材料原件。请问您还有其他业务需要办理吗？

用户：没有了，谢谢。

受理员：不客气，这是我们的一次性告知书、申请表以及客户联系卡，后期您有什么问题可以与我们联系。请带好您的随身物品，请慢走！

特别要注意的是，每位居民同时期只能在一个住址申请办理，不能同时在多个住址重复办理。

对话场景 19　申请不同电压等级的用电业务

受理员：您好，请坐，请问您需要办理什么业务？

客户：我想咨询下办理居民用电要哪些材料？多长时间？

受理员：0.4 千伏及以下居民，办电环节压减至“受理签约”“施工接电”，2 个工作日以内；受理签约阶段仅需提供用电人有效身份证明和用电地址物权属证明（法律法规有另行规定的除外）。

客户：请问 10（20）千伏非重要客户，办电流程有哪些，需要哪些材料？

受理员：10（20）千伏非重要客户办电环节压减至“业务受理”“方案答复”“竣工检验和装电能表接电”，3 个工作日以内；业务受理阶段仅需提供用电人有效身份证明、用电地址物权属证明、用电设备容量清单、用电工程项目批准（备案）文件；竣工检验阶段仅需提供工程竣工报告。

客户：请问10（20）千伏重要客户和35千伏及以上客户，办电流程有哪些，需要哪些材料？

受理员：办电环节压减至“业务受理”“方案答复”“设计审查”“中间检查”“竣工检验和装电能表接电”5个以内，设计审查阶段仅需提供设计单位资质证明材料和用电工程设计及说明书；中间检查阶段仅需提供施工单位资质证明材料和隐蔽工程施工及试验记录。

客户：好的。

受理员：请问还有其他业务咨询或办理？

客户：没有了。

受理员：好的，这是我们的客户联系卡，后期您有什么问题咨询可以与我们联系。请带好您的随身物品，请慢走。

对话场景20　居民家用电器烧坏

客户：你好，上次电力线路故障把我家电视机烧坏了，请问找谁处理啊？

受理员：您好，根据《居民用户家用电器损坏赔偿办法》规定，以220伏/380伏电压供电的居民用户，因电力运行事故引起的居民用户家用电器损坏的，由供电企业赔偿处理。

由不可抗力、第三人责任、受害者自身过错或产品质量事故等原因引起的，供电企业不承担赔偿责任。

请问您家的家用电器损坏是什么时间？什么地点？

客户：××时间××地点。

（1）家用电器损坏发生超过7日。

受理员：从家用电器损坏之日起7日内，受害居民用户未向供电企业投诉并提出索赔要求的，即视为受害者已自动放弃索赔权。超过7日的，供电企业不再负责其赔偿。

客户：好的，我知道了。

受理员：请问还有其他业务咨询或办理？

客户：没有了。

受理员：好的，您慢走。

（2）家用电器损坏发生7日内且被损坏元件可修复。

受理员：好的，请您保持家用电器损坏原状，我们将24小时内派员赴现场进行调查、核实。

客户：供电企业引起居民家用电器损坏怎么处理？

受理员：损坏家用电器可以修复的，供电企业承担被损坏元件的修复责任，修复时应尽可能以原型号、规格的新元件修复；无原型号规格的新元件可供修复时，可采用相同功能的新元件替代；修复所发生的元件购置费、检测费、修理费均由供电企业负担。不属于责任损坏或未损坏的元件，受害居民用户也要求更换时，所发生的元件购置费与修理费应由提出要求者负担。

受理员：请问还有其他业务咨询或办理？

客户：没有了。

受理员：好的，这是我们的客户联系卡，后期您有任何需要可以随时联系我们，请带好您的随身物品，请慢走！

（3）家用电器损坏发生7日内且被损坏元件不可修复。

受理员：好的，请您保持家用电器损坏原状，我们将24小时内派员赴现场进行调查、核实。

客户：供电企业引起居民家用电器损坏怎么处理？

受理员：对不可修复的家用电器，其购买时间在6个月及以内的，按原购货发票价，供电企业全额予以赔偿；购置时间在6个月以上的，按原购货发票价和使用寿命折旧后的余额予以赔偿；使用年限已超过使用寿命仍在使用的，或者折旧后的差额低于原价10%的，按原价的10%予以赔偿。使用时间以发货票开具的日期为准开始计算。

对无法提供购货发票的，应由受害居民用户负责举证，经供电企业核查无误后，以证明出具的购置日期时的国家定价为准，按前款规定清偿。

以外币购置的家用电器，按购置时国家外汇牌价折人民币计算其购置价，以人民币进行清偿。

清偿后，损坏的家用电器归属供电企业所有。

客户：好的，我知道了。

受理员：请问您还有其他业务需要办理吗？

客户：没有，谢谢！

受理员：不客气，这是我们的客户联系卡，后期您有任何需要可以随时联系我们，请带好您的随身物品，请慢走！

各类家用电器的平均使用年限为：电子类（如电视机、音响、录像机、充电器等，使用寿命为10年）；电机类（如电冰箱、空调器、洗衣机、电风扇、吸尘器）使用寿命为12年；电阻电热类（如电饭煲、电热水器、电茶壶、电炒锅等）使用寿命为5年；电光源类（白炽灯、气体放电灯、调光灯等）使用寿命为2年。